내 곁의 세계사

내 곁의 세계사

오드리 헵번에서 페리클레스까지,
내 곁에 있지만 미처 알지 못했던
'사람들의 세계사'

조한욱 지음

Humanist

머리말

때로는 감동적이고, 때로는 교훈적인 이야기의 주인공은 우리가 익히 알고 있는 위인만이 아니다. 역사책에 등장하리라고 예상하지 못한 평범한 사람들의 이야기가 더 큰 울림을 주며, 그들이야말로 역사를 이루는 가장 근본적인 존재라는 확신을 심어준다. 역사 속 사람들의 숨결과 땀방울을 느끼는 일은 나 자신이나 우리 사회를 되돌아보는 계기가 될 뿐만 아니라, 오늘날 산적한 사회적 병폐들에 대한 해결책을 모색하는 데에도 도움을 준다.

이러한 역사, 특히 필자의 전공인 서양사의 의미를 많은 이와 공유하고자 지난 5년간 일간지에 서양사 속 여러 인물과 그들의 이야기를 소개하는 '서양사람'이라는 칼럼을 써왔다. 하지만 단순히 서양의 '사람들'에 대해서만 이야기한 것이 아니라 그 틀 속에 담겨 있는 '역사를 보는 행위', '사람(史覽)'을 통해 독자들에게 세계 역사에 대한 관심을 호소하고, 현재 우리의 모습을 성찰하고자 했다. 더 많은 이가 그 호소를 들어주길 바라는 마음에서 칼럼 가운데 독자들이 흥미롭게 여길 만한 이야기와 우리 사회를 돌아보는 데 도움이 될 만한 글을 골라 이 책을 엮었다.

이 책은 현대부터 고대까지 거슬러 올라가며 인물을 중심으로 구성되어 있다. 이미 우리가 알고 있는 유명한 역사 인물의 숨겨진 이야기를 소개하고, 미처 역사 속 인물이라 생각하지 않았던 영화배우나 가수, 작가, 운동선수 등의 이야기를 들려주며 역사 인물로 재탄생시켰다. "하늘 아래 새로운 것은 없다"는 말이 있듯, 오늘날 우리 사회에서 일어나고 있는 여러 일의 선례는 세계의 다른 곳에서도 있었다. 왜 우리는 김연아에 열광하는가? 왜 우리는 교학사 한국사 교과서 사태에 분노하는가? 왜 우리는 성완종의 자살에 안타까워하는가? 그 열광과 분노와 안타까움에도 선례가 있고 합당한 이유가 있다. 타이타닉 호의 침몰은 영화《타이타닉》을 통해 새롭게 해석되었는데, 그 과정에서 많은 사실이 왜곡되었다. 세월호 침몰 사건은 타이타닉 침몰 사건과 그 원인이 유사할 뿐 아니라 이후 대처 과정에서 보이는 왜곡마저도 비슷한 양상을 보이고 있다. 우리는 역사 속에서 그러한 유사성을 인식해야 한다. 그리고 더 나아가 세계의 다른 곳에서는 어떤 방식으로 사회적 문제와 트라우마를 극복하려 했는지 배움으로써 우리 눈앞에서 일어나는 사건들에 대한 최소한의 교훈이라도 되새길 수 있어야 할 것이다.

서양사를 포함한 세계사 교육이 축소되고, 그 결과 세계사에 대한 관심이 줄어든다고 해서 세계사가 우리의 삶에서 갖는 중요성까지 위축되어서는 안 된다는 필자의 믿음은 여전하다. 민주주의건 자본주의건 서양의 역사에서 만들어진 제도 속에서 우리의 일상이 이루어지는 한 우리 사회의 모습을 바라봐야 할 거울이 세계사에 있다는 것은 확실하기 때문이다. 민주주의나 자본주의를 수용하는 과정에서 생겨나는 갈등과 모순은 그 제도들이 발생했던 과정의 역사에 대한 이해를 통해 풀어나가야 하는 것이 아니겠는가?

책을 기획하기 시작할 무렵 글을 주제별로 다시 분류하고 보충 설명으로 살을 붙여 책으로 엮게 될 것이라 짐작했다. 그런데 출판사 편집부와 이야기를 나누면서 그 짐작이 모두 여지없이 깨졌다. 하나는, 글 한 편 한 편 모두가 세계사의 한 장면을 통해 총체적으로 우리 사회의 비민주적 요인을 꼬집고 있으니 갈래를 나눌 필요가 있겠느냐는 의견이었다. 또 하나는, 글을 보충하기보다 맛깔 나는 촌철살인을 그대로 두어 읽는 이가 스스로 생각할 수 있게 하자는 것이었다. 그래서 국내의 특정한 사건에 대한 표현이 글을 썼을 당시의 시의성을 잃었을 경우에 한해 다소간 보편성을 가질 수 있을 정도로 수정했다.

글을 쓸 때마다 우리 사회에서 일어나고 있는 사건을 이해하는 데 도움이 될 만한 세계사 속 인물을 선정하는 일이 여간 만만치 않았다. 게다가 제한된 분량 안에서 인물 이야기뿐 아니라 우리 사회와의 관련성까지 짚어야 하기에 압축된 글을 쓸 수밖에 없었다. 그 과정에서 겪는 어려움 또한 짧은 글 속에 묻어나 있을 것이다. 독자들도 약간이나마 집중하여 이 책을 읽는다면 저자의 글쓰기 과정에 대해 공감할 수 있으리라 여긴다.

이 책의 호소를 통해 세계사가 훨씬 가까운 곳에서 우리 곁을 지켜주는 버팀목이 될 수 있다는 인식을 더 많은 사람과 함께 나누게 되길 바란다. 긴 시간 써온 글이 책으로 엮여 나온 것을 보니 버텨온 세월이 크게 부끄러울 일은 아니라 여기며 소심하게나마 자축해본다.

2015년 여름
조한욱

차례

머리말 — 4

1 브루스 이스메이 **타이타닉의 침몰과 뒤바뀐 운명** — 16

2 콜린 매컬로와 시오노 나나미 **독서 편중의 폐해** — 18

3 미리엄 마케바 **정당한 연예인과 부당한 정부** — 20

4 오드리 헵번 **스타 탄생의 전말** — 22

5 루시타니아 호 **침몰과 의혹** — 24

6 올로프 팔메 **모든 사람은 정치인** — 26

7 에드워드 톰슨 **지식의 전당에서 대학교 회사로** — 28

8 저항하는 아일랜드인 **그곳에도 광주가** — 30

9 조지 오웰 **1984+30** — 32

10 나디아 코마네치 **정당한 평가는 어디로?** — 34

11 켄 로치 **그들 속의 나, 내 안의 그들** — 36

12 피터, 폴 앤드 메리 **대통령에게 권하는 공연** — 38

13 베라 차슬라프스카 **정권에 맞선 올림픽 여전사** — 40

14 조지프 매카시 Ⅰ **쥐 한 마리가** — 42

15 조지프 매카시 Ⅱ **정치인의 꼭두각시** — 44

16 자와할랄 네루 **아버지의 편지** — 46

17 그리고리스 람브라키스 **그는 살아 있다!** — 48

18 에릭 홉스봄 큰 별이 지다 — 50

19 빅토르 유셴코 오렌지혁명 — 52

20 레흐 바웬사 권력 무상 — 54

21 니콜라에 차우셰스쿠 독재자의 말로 — 56

22 아서 러브조이 존재의 대연쇄 — 58

23 안드레이 타르콥스키 절망에서 희망을 — 60

24 오스카르 로메로 목소리 없는 자의 목소리가 되어 — 62

25 마르크 블로크 어떤 역사가의 삶과 죽음 — 64

26 에드워드 사이드 지식인의 책무 — 66

27 로버트 포겔과 스탠리 엥거먼 숫자에만 의존한 역사의 오류 — 68

28 움베르토 마투라나 '앎'이 곧 '함'이다 — 70

29 아타우알파 유팡키 가우초의 노래를 부르는 음유시인 — 72

30 비올레타 파라 삶에 감사를 — 74

31 페데리코 펠리니 그의 자서전 — 76

32 아돌프 아이히만 이상한 정언명령 — 78

33 립스태트 vs 어빙 Ⅰ 홀로코스트 논쟁 — 80

34 립스태트 vs 어빙 Ⅱ 홀로코스트 논쟁, 그 이후 — 82

35 카살스와 로스트로포비치 두 거장에게 바치는 헌사 — 84

36 외젠 이오네스코 코뿔소와 부조리 — 86

37 자크 데리다와 미셸 푸코 오도된 포스트모더니즘 — 88

38 샤프빌 사람들 흑인 독립운동의 상징 — 90

39 존과 앨리스 해리스 사진의 힘 — 92

40 마틴 루서 킹 일찍 늙은 심장 — 94

41 파스칼 블랑샤르 프랑스의 식민지 근대화론 — 96

42 한스와 조피 숄 나치에 대항한 백장미 — 98

43 프란츠 파농 제 땅에서 유배된 사람들 — 100

44 존 스타인벡 분노의 포도 — 102

45 제시 오언스와 루츠 롱 올림픽 1936 — 104

46 크리스털 이스트먼 여성의 적은 여성? — 106

47 독일의 물리학자들 독일 민족주의 물리학의 패배 — 108

48 카를 만하임 이데올로기와 유토피아 — 110

49 시드니 모나스 노학자의 회한 — 112

50 앨리스 폴 조용한 보초 — 114

51 프란츠 카프카 우리 주변의 카프카 — 116

52 그리고리 라스푸틴 로마노프 왕가의 몰락 — 118

53 전쟁터의 군인들 크리스마스 1914 — 120

54 맨해튼의 의류 노동자들 그곳의 갑과 을 — 122

55 로즈 슈나이더만 빵과 장미 — 124

56 업턴 싱클레어 정글 — 126

57 케테 콜비츠 어머니의 이름으로 — 128

58 알렉산드라 콜론타이 여성의 날 — 130

59 에밀린 굴든 말이 아닌 행동으로 — 132

60 소스타인 베블런 유한계급론 — 134

61 에밀 졸라 희망의 씨앗 — 136

62 막스 베버 방법론의 시대 — 138

63 마이러 브래드웰 아름다운 여성이란 — 140

64 오거스트 스피스 메이데이가 슬픈 이유 — 142

65 헬렌 켈러 출발점엔 선생님이 — 144

66 프리드리히 니체 국가의 본질 — 146

67 윌리엄 로이드 개리슨 불굴의 투사 — 148

68 프레더릭 더글러스 **인간의 가능성** — 150

69 빅토르 위고 **여명** — 152

70 헨리 데이비드 소로 **시민 불복종** — 154

71 엘리자베스 개스켈 **메리 바턴** — 156

72 토머스 칼라일 **영웅을 원해!** — 158

73 오귀스트 콩트 **사랑이 깊으면** — 160

74 그늘 속의 아이들 **아동 노동을 고발하다** — 162

75 톨퍼들의 영웅들 **노동자의 죽음에 관심을** — 164

76 쥘 미슐레 **민중의 역사가** — 166

77 피히테 **한국 국민에게 고함** — 168

78 니콜라 드 콩도르세 **투표의 역설** — 170

79 리처드 프라이스 **옳은 애국** — 172

80 임마누엘 칸트 **감히 알려고 하라** — 174

81 피에르 보마르셰 **피가로의 결혼** — 176

82 토머스 페인 **상식이 통하는 나라** — 178

83 애비게일 애덤스 **이쯤은 해야 퍼스트레이디지** — 180

84 에드먼드 버크 **원조 보수주의자** — 182

85 볼테르 **종교적 관용** — 184

86 장 자크 루소 Ⅰ **시민 종교** — 186

87 장 자크 루소 Ⅱ **루소를 기억해야 하는 이유** — 188

88 프리드리히 대제 **왕의 표리부동** — 190

89 몽테스키외 **법의 정신** — 192

90 벤저민 프랭클린 **진정한 능력자** — 194

91 대니얼 디포 **로빈슨 크루소와 프라이데이** — 196

92 버나드 맨더빌 **꿀벌의 우화** — 198

93 남해회사 계산할 수 없는 인간의 욕심 — 200

94 이반 마제파 슬픈 우크라이나 — 202

95 존 로크 Ⅰ 혁명의 의무 — 204

96 존 로크 Ⅱ 이런 '타불라 라사' — 206

97 자크 보쉬에 왕권신수설의 근거 — 208

98 후아나 이네스 열 번째 뮤즈 — 210

99 토머스 홉스 리바이어던 — 212

100 존 밀턴 이 땅에도 표현의 자유를 — 214

101 올리버 크롬웰 나누어야 선 — 216

102 후고 그로티우스 네덜란드의 기적 — 218

103 프랜시스 베이컨 Ⅰ 시장의 우상 — 220

104 프랜시스 베이컨 Ⅱ 극장의 우상 — 222

105 라블레와 도미에 거인의 배변 — 224

106 요한 테첼 면죄부보다는 면벌부 — 226

107 마르틴 루터 구원은 어디에 — 228

108 발다사레 카스틸리오네 교양인의 덕목 — 230

109 이사벨라 데스테 역사를 아는 여인 — 232

110 남아메리카의 선교사들 그들만의 미션 — 234

111 이븐 할둔 아프리카의 지혜 — 236

112 장 프루아사르 기사도의 산증인 — 238

113 성녀 카테리나 성스러운 단식 — 240

114 칼레의 시민들 노블레스 오블리주 — 242

115 고다이바 벌거벗은 영주 부인 — 244

116 카롤루스 대제 크리스마스 대관식 — 246

117 애국주의자들 국가를 진정 사랑한다는 것 — 248

118 성 베네딕투스 수도원의 규칙 — 250

119 보에티우스 철학의 위안 — 252

120 성 시메온 고공의 성인 — 254

121 이단 Ⅰ 너희가 이단을 아느냐 — 256

122 이단 Ⅱ 이단의 참된 의미 — 258

123 성 안토니우스 사막의 성인 — 260

124 디오클레티아누스 성인과 죄인 — 262

125 마르쿠스 아우렐리우스 나에게 보내는 생각 — 264

126 하드리아누스 황제의 여행 — 266

127 타키투스 Ⅰ 악과 덕의 역사가 — 268

128 타키투스 Ⅱ 명문장가 — 270

129 그리스의 노예들 노예의 권리 — 272

130 헤시오도스 철의 시대 — 274

131 호라티우스 카르페 디엠 — 276

132 소 카토 어떤 자살 — 278

133 폴리비오스 총체적 타락 — 280

134 아리스토텔레스 걸음의 철학 — 282

135 히포크라테스 히포크라테스 선서 — 284

136 소크라테스 소크라테스의 죽음 — 286

137 플라톤 동굴의 우화 — 288

138 솔론 재물보다 미덕 — 290

139 페리클레스 바람직한 지도자 — 292

찾아보기 — 294

역사는 기억에 대한 부담이지만 영혼의 빛이다.

— 액튼 경

1 브루스 이스메이

— 타이타닉의 침몰과 뒤바뀐 운명

제임스 캐머런은 영화 〈타이타닉〉에서 충직한 선장과 악덕한 선주를 극명하게 대비시켰다. 그러나 그 내용은 사실과 달랐다. 선주 브루스 이스메이는 화이트스타 선박회사를 건실하게 경영했다. 경쟁을 벌이던 큐나드 선박회사에서 루시타니아와 모레타니아라는 두 척의 대형 호화 유람선을 출범시키자, 이스메이는 그에 대응하여 5년에 걸쳐 최고의 기술을 동원해 세계 최대의 선박 타이타닉을 만들었다.

이스메이는 타이타닉의 첫 출항에 함께했다. 그 운명의 침몰 이후 그의 사회적 지위도 함께 가라앉았다. '여성과 어린이 우선'이라는 원칙을 도외시하고 살아 돌아온 부도덕한 선주라는 오명에다가 부족했던 구명정에 대한 책임론까지 더해졌기 때문이다.

그러나 이스메이는 끝까지 승객들을 구명정에 태우고 주위에 아무도 없음을 확인한 뒤 마지막 구명정의 맨 마지막 자리에

탔었다는 사실이 재판에서 밝혀졌다. 구명정의 숫자 역시 당시 기준에 적합했다. 그가 받은 손가락질의 가장 큰 원인은 윌리엄 랜돌프 허스트가 이끄는 언론 족벌의 보도에 있었다. 이스메이와 사이가 좋지 않던 허스트는 자신의 신문에 희생자 명단을 실은 뒤, 생존자 명단에는 이스메이만을 써넣는 식으로 악의적 보도를 반복했다. 사실 이스메이는 사망한 선원들의 가족을 위해 막대한 돈을 기부했고, 숱한 오명 속에서도 타이타닉에 관해 한마디도 입에 담지 않은 채 여생을 보냈다.

실상 타이타닉의 침몰에 더 큰 책임을 져야 할 사람은 존 스미스 선장이었다. 빙산이 떠돌아다닌다는 무전을 수없이 받고도 별 조치 없이 잠이 들었던 그는 배가 충돌한 이후에도 초동 대처를 제대로 하지 못했다. 그러나 배와 함께 가라앉았다는 이유로 그는 영웅으로 기억된다. 캐머런이 아니더라도 영화감독이라면 누구나 사악한 선주에 비교되는 충직한 선장이라는 주제를 놓칠 수 없었을 것이다.

사건의 진상 규명은 하지 않은 채 오히려 피해자들을 범죄자인 것처럼 백안시하는 이 사회의 잔인함이 그 뒤바뀐 운명에 겹쳐진다.

키워드 현대 책무 언론 왜곡 영화

2 콜린 매컬로와 시오노 나나미

─ 독서 편중의 폐해

오스트레일리아의 작가 콜린 매컬로는 우리나라에서 거의 소설 《가시나무새》의 저자로만 알려져 있다. 그가 17년에 걸쳐 집필한 7부 연작 로마사 시리즈는 1993년 《로마의 일인자》•를 시작으로 국내에 발 빠르게 번역되었으나 2부에서 출간이 중단되었다. 방대한 사료 수집을 바탕으로 한 깊이 있는 연구에 치밀한 문학적 구성력이 더해진 이 대하소설에 전문가들은 경탄했으나 우리 독자들은 외면했다.

그 사정의 이면에 《로마인 이야기》의 성공이 있다. 유명세를 탄 저자에 편중이 심한 독서 대중을 공략한 마케팅 전략에 힘입어 시오노 나나미의 인기가 급상승하는 동안 매컬로의 소설은 방치되다가 잊혔다. 《로마인 이야기》에는 성공 지상주의, 제국주의, 엘리트주의, 반지성주의 같은 부정적인 요인들의 사례가 무수하다. 로마사의 장점을 개방성과 다원주의라고 말하면서 그 원조인 그리스 역사에 대해서는 무지하다 싶을 정도로 폄하

한다든가, 로마사에서 민중의 투쟁과 민주주의적 절차에 대한 기술이 잘못되어 있는 점 역시 단순한 실수로 보이지 않는다.

아마도 시오노 나나미는 로마사를 통해 군사 대국, 경제 대국의 길을 추구해온 일본의 선택을 옹호하고 정당화하고 싶었던 모양이다. 로마제국이라는 전제정의 출발이 국민 자유의 소멸로 이어질 것이라는 인식은 이 책 어디에서도 찾을 수 없다. 이 책이 우리나라 정·재계 관리층의 뜨거운 호응을 받으며 인기 가도를 달린 것도 통치자 중심의 시각 때문이었는데, 이를 두고 역사학계에서 일찌감치 표명했던 우려는 대중의 관심을 받지 못했다.

일본군 '위안부'에 대한 시오노 나나미의 망언**이 쟁점이 되면서 뒤늦게나마 진실이 드러나기 시작했다. 그를 베스트셀러 작가로 만든 독서 대중도 책임감을 느끼고 각성해야 한다. 일본의 극우파나 한국의 뉴라이트 같은 독버섯은 그릇된 역사관을 꿰뚫어 볼 능력이 없는 사회에서 돋아나 자라기 때문이다.

키워드 현대 고대 작가 역사관

- 《로마의 일인자》는 2015년에 새롭게 번역, 출간되었다.
- •• 시오노 나나미는 2014년 일본 월간지 《문예춘추》에 기고한 글에서 네덜란드 여성을 일본군 '위안부'로 삼았다는 이야기가 퍼지면 큰일이라고 말하면서, 아시아뿐만 아니라 유럽 여성의 강제 동원에 대해 은폐하려는 발언을 해 파문을 일으켰다.

3 미리엄 마케바

— **정당한 연예인과 부당한 정부**

부당한 정부는 정당한 연예인을 두려워한다. 정당한 사람이라
면 누구라도 두려워하겠지만, 대중의 가슴에 호소하며 정의로
움에 너른 반향을 불러일으키는 연예인은 더욱 두려워한다. 극
악한 인종차별정책을 시행하던 남아프리카공화국 정부에게는
'마마 아프리카'로 불리던 미리엄 마케바가 그 대상이었다.

　마케바는 요하네스버그에서 노래 실력을 인정받아 점차 전
국으로 이름을 알렸다. 이후 〈돌아오라, 아프리카〉라는 인종차
별 반대 다큐멘터리에 단역으로 출연하면서 국제적 명성을 얻
었다. 그 영화는 베네치아 영화제에서 비평가상을 받기도 했다.
영국 여행에서 만난 해리 벨라폰테의 도움으로 1959년부터 미
국에서 활동하며 성공을 거둔 마케바는 이듬해에 모친상을 당
해 고국으로 돌아가려 했으나 남아프리카연방 정부는 그의 여
권을 취소시켰다. 이럴 줄 알았다면 떠나지 않았을 거라며 고향
을 그리워했지만 그는 인종차별에 반대하는 행동을 멈추지 않

왔다.

1963년 UN(국제연합)에서 마케바가 인종차별 사례를 증언하자 남아프리카공화국 정부는 이에 보복하듯 시민권을 박탈했다. 그는 국적이 없는 처지가 되었으나 역으로 그것은 세계시민이 되었음을 뜻했다. 10개국에서 명예 시민증을 수여했고, 9개국에서 발행한 여권으로 그는 연주 여행을 다녔다. 흑인 과격파 운동가인 스토클리 카마이클과 결혼한 뒤에는 미국에서도 음반 계약과 공연이 취소되었다. 기니로 거처를 옮긴 뒤에도 그는 활동을 멈추지 않았고, 1974년에는 UN에서 두 번째 증언을 했다.

마케바는 1988년 6월에 런던 웸블리 구장에서 열린 넬슨 만델라의 일흔 살 생일 축하 공연에 참석해 그의 석방을 촉구했다. 방송을 본 전 세계 6억 시청자의 압력에 몰린 남아프리카공화국 정부는 결국 만델라를 석방했다. 이후 마케바는 30여 년 만에 고국으로 돌아갈 수 있었다. 그는 죽기 전까지도 마피아 조직에 반대하는 작가를 후원하는 이탈리아 공연에서 노래를 불렀다.

이 땅에서 벌어지는 연예인에 대한 사찰 역시 정권의 두려움의 표출일 뿐이다. 표적의 대상이 된 연예인들, 쫄지 말기를.

키워드 현대 인종차별 탄압 저항 음악

4 오드리 헵번

1940년 독일군이 네덜란드를 점령했다. 에다 반 헴스트라라는 열한 살의 아름다운 소녀가 한 무용학교에서 발레를 배우고 있었다. 실력이 일취월장한 그 소녀는 네덜란드 레지스탕스를 돕기 위해 1944년부터 비밀리에 사람들을 모아놓고 발레를 공연하며 기금을 거뒀다. 공연이 끝날 즈음이면 사람들은 감동에 젖어 쥐 죽은 듯 고요해지곤 했다.

노르망디 상륙작전 이후 네덜란드의 상황은 더욱 나빠졌다. 연합군의 포격이 거세진 한편, 독일군이 물자 보급로를 봉쇄했기 때문이다. 그렇지 않아도 식량과 연료 부족에 시달리던 네덜란드 국민이 길거리에서 굶어 죽고 얼어 죽는 일이 허다했다. 에다도 다른 사람들처럼 튤립 알뿌리로 가루를 내어 빵을 만들어 먹기도 했다. 해방이 되자 UN의 구호물자를 실은 트럭이 들어왔다. 에다는 농축 우유 한 깡통을 통째로 마시거나 오트밀에 설탕을 너무 많이 넣어 먹어 배앓이를 하기도 했다.

에다는 발레리나로 성공하고자 전문가에게 조언을 구했다. 그러나 돌아온 대답은 발레리나가 되기에는 키가 큰 편이고, 전쟁 때의 영양 결핍으로 인해 체구가 가냘파 크게 성공하기는 힘들겠다는 것이었다. 게다가 전쟁 이후 어머니가 허드렛일로 벌어오는 돈으로는 빈한한 집안조차 지탱하기 힘들어 돈을 벌어야 했다. 연기를 하면 무용보다 3파운드를 더 벌 수 있었다. 그런 이유로 그는 연기를 택했다. 오드리 헵번이라는 스타 탄생을 예고하는 순간이었다. 오드리라는 영국 이름으로는 독일군에게 핍박을 받을 것 같아 사용한 가명이 에다였다.

〈로마의 휴일〉부터 〈멋쟁이 도둑〉, 〈티파니에서 아침을〉을 거쳐 〈어두워질 때까지〉에 이르기까지 그는 뛰어난 연기와 눈부신 자태로 만인의 사랑을 독차지했다. 제2차 세계대전 당시의 경험은 만년의 그로 하여금 많은 시간과 정열을 유니세프에 쏟아붓도록 만들었다. 유니세프 홍보대사로 아프리카와 남미와 아시아의 열악한 환경에서 봉사했던 때가 그의 가장 아름다운 시기였다.

키워드 현대 근대 전쟁 여성 영화

5 루시타니아 호

20세기 초 유럽과 미국을 연결하는 북대서양 항로에선 여러 나라의 선박회사들이 경쟁을 벌였다. 더 많은 승객을 유치하기 위해 더 크고, 더 빠르고, 더 호화로운 배를 건조하고 홍보했다. 타이타닉 호가 선보이기 전까지 가장 크고 빠르고 호화롭다는 영예를 안은 것은 영국의 루시타니아 호였다. 그런데 이 배가 제1차 세계대전 당시 아일랜드 남쪽 해상에서 독일 잠수함의 어뢰에 맞아 침몰하면서 1,198명이 사망했다.

민간 여객선에 포격을 가한 독일 해군이 국제법을 어겼다는 비난이 끓어오른 것은 당연했다. 더구나 당시 독일은 북대서양 여객선 사업에서 영국의 최대 경쟁국이었다. 그러나 독일도 할 말이 있었다. 영국도 여객선에 관한 국제법을 여러 차례 어긴 선례가 있었고, 루시타니아 호에 상당량의 무기가 실려 있었기 때문에 이 배를 해군 함정으로 여길 만했다는 것이다. 미국 주재 독일 대사관에서는 미국인에게 이 배에 타지 말라고 경고하는 광고를 여러 신문에 싣기도 했다.

그럼에도 배에 탔던 미국인 128명이 사망했고, 미국에서는 반독 감정이 크게 일어났다. 유럽 여러 나라 출신 이민자들로 구성된 미국은 그동안 유럽에서 벌어지는 전쟁에 개입하지 않았다. 선조의 나라와 전쟁을 벌이지 않으려는 배려였다. 그런데 독일이 멕시코를 부추겨 미국과 전쟁을 벌이도록 획책하고 있다는 전보가 발각되면서 더욱 커진 반독 감정 때문에 결국 미국은 제1차 세계대전의 막바지에 참전을 결정했다.

루시타니아 호의 침몰에는 여러 음모설이 따른다. 독일 잠수함이 있는 것을 알면서도 영국 정부는 루시타니아 호를 안전한 항로로 유도하지 않았으며, 근처에 구축함이 있었는데도 호위하지 않았다. 또한 루시타니아 호가 아일랜드 부근에서 속도를 줄인 이유 역시 아직까지 밝혀지지 않았다. 영국 정부는 아직도 이 사건과 관련된 정보를 정확하게 밝히지 않고 있다. 진상을 밝히지 않는 한 의혹은 정당하다.

2015년 5월에는 루시타니아 호 침몰 100주년을 추도하는 항해가 있었다.

키워드 현대 근대 전쟁 은폐

6

올로프 팔메

올로프 팔메는 스웨덴 사회민주당 대표로 10년 동안 두 차례 총리직을 수행했다. 보편적 복지의 주춧돌을 놓아 '스웨덴 국민의 아버지'라고 불리는 타게 에를란더의 보좌관으로 정치에 입문한 그는 확고한 신념으로 반대 세력을 설득하여 복지국가의 틀을 완성하고 사회민주주의의 모델을 구현했다. 스웨덴 국민이 가장 사랑하고 존경하는 정치인으로 팔메를 꼽는 이유다.

그는 국내 안정에 역점을 두었던 에를란더와 달리 국제 정세에 깊이 관여했다. 강대국의 패권주의에 맞서 미국의 베트남전쟁 개입을 격렬히 비판했고, 소련의 프라하 침공에도 꾸준히 항의했다. 자국의 무기 산업이 약화되는 것을 감수하고 이란과 이라크 분쟁을 중재했으며, 남아프리카공화국의 인종차별정책 철폐를 위해서도 목소리를 높였다. 평화가 위협받고, 정의가 거부되고, 자유가 위기를 겪는 곳에는 그가 있었고, 당시 스웨덴은 '세계의 양심'으로 통했다.

그의 행동의 기저에는 "모든 사람은 정치인"이라는 생각과 "한 사람이 자신의 생각을 전하고 다른 사람이 동조해 함께 움직이면 세상을 바꿀 수 있다"는 확고한 신념이 있었다. 때론 그의 행동과 독설이 외교관계를 경직되게 하고 정적을 만들기도 했다. 어쩌면 그는 극우주의자, 미국과 소련으로 대표되는 강대국, 남아프리카공화국, 경찰과 군부, 군수 사업계의 '공공의 적'이었을지도 모른다. 경호 없이 아내와 영화를 관람한 후 귀갓길에 암살당한 그의 죽음의 배후가 아직까지 밝혀지지 않은 걸 보면.

부르주아 출신 엘리트였지만 미국 유학 시절에 자본의 횡포와 제국주의의 폐단을 목격한 뒤, 고통받는 이들을 위해 공동체를 바꾸는 일에 헌신한 사회주의자, 팔메! "아름다운 날이 우리 앞에 있다"라고 외치며 연대를 호소했던 팔메의 주장이 결실을 맺은 것은 그의 신념을 이해하고 지지한 스웨덴 국민의 저력 덕분이었다. 팔메 같은 정치인이 부러울 때마다 자문하곤 한다. '우리는 그런 정치인을 믿고 지지할 준비가 되어 있는 국민일까?'

키워드 현대 정치 지도자 정의 양심 신념

7 에드워드 톰슨

《영국 노동계급의 형성》은 1963년에 출간된 에드워드 톰슨의 역작으로, 현대 고전의 반열에 올라 있다. 마르크스주의자를 자처하면서도 정통 마르크스주의에서 벗어난 시각으로 노동계급의 의식이 문화적으로 형성되는 과정을 추적한 이 저작은 많은 논쟁을 불러일으키며 문화 연구의 중요성을 부각시켰다.

이렇듯 학자로서 명망을 높여가던 톰슨이 1971년에 교수직을 박차고 나왔다. 인간보다는 이윤에 우선권을 부여하고, 학문적 논쟁보다 경영을 위한 통제를 선호하는 대학 체제에 실망했기 때문이다. 그렇게 자유기고가이자 평화운동가가 된 톰슨은 《워릭 대학교 회사》라는 책을 써서 자신이 사직한 학교를 고발했다. 내용이 짧다 해도 단 일주일 만에 명문으로 엮어낸 책이었다.

국립대학이지만 인근 기업들로부터 재정 지원을 받던 워릭 대학교에서 학교와 학생들 사이에 마찰이 일어났다. 학생들은 학생회관 건립을 원했지만 학교에서는 임대 수입을 올릴 수 있는 회의실을 만들고자 했다. 그 과정에서 학교 쪽이 기업과 결탁하여 학생들을 감시하고, 외국인 초빙교수까지 혐의를 잡아 기소 여부를 알아보고 있다는 문건이 유출되었다. 기업과 대학이 공모하여 감시를 자행하고 학문의 자유에 재갈을 물리려 한 것이다.

톰슨은 "대학이란 정부의 포고령에 의해 설립 허가가 떨어졌을 때 탄생하는 것이 아니다. 대학은 그 구성원들이 공동의 관심사와 정체성을 갖고 있음을 인식할 때 태어난다"라고 주장함으로써 학생들의 명분에 힘을 실었다. 학생들의 저항은 위기를 반영하는 것이 아니라 오히려 대학의 가능성에 대한 인식의 출발이며, 대학은 '회사'가 아니라 학문의 우수함과 지식 추구라는 이상을 실현할 장소가 되어야 한다는 것이다.

우리 사회에서는 기업이 개입하여 경영 논리로 대학을 운영하는 일도, 정권이 사학 비리를 방관하는 일도 비일비재하다. 톰슨의 귀감을 받아들여 대학다운 대학을 만드는 일이 실현되기를.

키워드 현대 지식인 교육 저항

8 저항하는 아일랜드인

─ 그곳에도 광주가

북아일랜드의 잦은 폭력 분쟁에는 역사적 배경이 있다. 17세기 초에 국교도인 영국인과 장로교도인 스코틀랜드인이 대거 북아일랜드로 이주해 가톨릭을 믿던 아일랜드인을 숫자로 압도했다. 종교가 다른 것에 더해 이주민은 스스로를 영국 국민으로 규정했지만, 원주민은 독립을 원했다.

아일랜드는 영국 자치령이었다가 1937년에 독립했는데, 북아일랜드의 여섯 개 주는 영국령으로 남았다. 남은 원주민은 소수민족으로 전락해 정치적·종교적으로 차별을 받았다. 영국에선 이미 19세기에 종교적인 이유로 공직 임용을 차별하던 법령을 폐기하고 '가톨릭 해방법'을 공포했는데, 이로써 북아일랜드 주민은 제 땅의 유배자가 된 것이다.

1972년 1월 30일, 북아일랜드의 데리 시를 대표하는 영국 하원의원 아이번 쿠퍼가 영국의 억압정책에 반대하는 평화 행진을 주도했다. 영국 정부는 이를 폭력 사태로 간주해 공수부대를 비롯한 대규모 부대를 배치했다. 극도의 긴장 상태에서 한 방의 총성이 울리자 영국군이 무차별 사격을 가해 열세 명의 비무장 민간인이 그 자리에서 숨졌다. 사람들은 그날을 '블러디 선데이(피의 일요일)'라고 부른다.

국제적 반향을 불러일으킨 이 사건에 영국 정부는 발뺌으로 일관했다. 첫 보고서는 일부 군중이 무장했기에 발포는 정당하다는 내용이었다. 물론 이것은 조작이었다. 발포한 군인들은 모두 무죄판결을 받았고, 진압군 지휘관은 엘리자베스 2세에게 훈장까지 받았다. 그러나 이것은 진압이 아니었다. 무기를 가진 자들의 무분별한 폭력 행사였고, 이후 아일랜드인의 무장 저항에 정당성을 부여했을 뿐이다.

영국 정부는 이 사건을 은폐해왔다. 그러나 당시 진압군 부대장 마이크 잭슨은 2007년에 이르러 무고한 시민에게 총격을 가했음을 30여 년 만에 인정했다. 그들을 영국 시민으로 인정했다면 시위에 군대를 파견했을까? 존 레넌, 폴 매카트니, U2를 비롯한 많은 가수가 이 사건을 결코 잊지 말라고 노래 부른다.

키워드 현대 독립 탄압 저항 평화 음악

9 조지 오웰

— **1984+30**

조지 오웰은 프랑코 정권의 파시즘과 싸우려는 순수한 열정 하나로 에스파냐 내전에 참전했다. 공화정부를 지원하는 여러 조직 중에서 마르크스 통일노동당에 가입한 그는 소련의 지휘를 받는 공산주의자들도 파시즘에 맞서는 동지로 여겼으나, 곧 그 생각이 틀렸음을 알게 되었다. 권력 유지에만 골몰한 스탈린 체제는 내전 초기에 오웰이 감동했던 자치, 자율의 공동체를 오히려 억압하고 소멸시켰다. 그의 종군 기록인《카탈루냐 찬가》에는 스탈린주의에 대한 환멸이 넘쳐난다.

소설《1984》도 전체주의 체제를 옹호하는 자들은 혁명의 열정을 저버린다는《카탈루냐 찬가》의 주제를 이어받는다. 그러나 이 암울한 미래 보고서가 드러내는 디스토피아의 섬뜩한 진단이 현 세계에도 예언처럼 적용되고 있어, 이제 이 책은 원래의 역사적 맥락을 훨씬 넘어서는 함의를 갖게 되었다. 개인의 동의 없이 위치 추적기를 사용하겠다는 미국 정부에 대해 한 대법관이 판결문에서 《1984》 비슷한 것을 만들려고 하느냐" 하고 일갈했을 정도다.

이 소설의 무대인 가상의 초강대국 '오세아니아'에서는 최고 권력자 '빅 브라더'가 모든 이를 감시한다. 곳곳에 설치된 텔레스크린이 개인의 내밀한 삶까지 들여다보는 형국이다. 당이 벌이는 끝없는 전쟁의 목표는 국민의 생활수준을 높이지 않으면서도 그들이 불평등을 용인하게 만드는 것이다. '빅 브라더'의 목표에 걸맞지 않으면 과거의 기록까지 삭제한다. 그 부당함을 인식하는 자는 곧 체제를 전복할 위험인물이기에, 그를 색출하기 위해 사상 통제가 필수적으로 따른다.

《1984》는 오웰이 작품을 쓰기 시작한 1948년의 뒷자리를 뒤집은 것이다. 국가의 전면적 통제를 예언한 그의 메시지가 정확하게 30년 뒤 이곳에서 속속들이 재현되고 있다. 언론을 장악해 여론을 만들어내고, 역사 교과서를 왜곡해 과거까지 조작한다. 전체주의 체제에서나 가능한 일이다.

키워드 현대 작가 국가 통제 자유

나디아 코마네치

— **정당한 평가는 어디로?**

관중석이 술렁거렸다. 전광판에 뜬 1.00이라는 숫자 때문이었다. 빼어난 연기에 비해 터무니없이 낮은 점수였는데 곧 진상이 밝혀졌다. 당시 전광판에 10.00이라는 점수를 표시할 수 없어 취한 응급조치였다. 1976년 몬트리올 올림픽 개막 전에 점수판을 제작한 오메가 사에서는 체조 경기를 위해 네 자리의 전광판이 필요한지 문의했고, 이후 체조에서 완벽한 점수는 불가능하다는 답변을 받았다.

이렇게 루마니아 출신의 열네 살 소녀 나디아 코마네치는 몬트리올 올림픽의 요정이 되었다. 난도가 높은 기술을 완벽하게 예술의 경지로 승화시킨 그의 연기에 눈길이 집중되었다. 경탄과 열광 속에서 세 개의 금메달을 포함해 여섯 개의 메달을 획득한 코마네치는 전 세계에서 가장 사랑받는 운동선수가 되었다.

그런데 1984년 로스앤젤레스 올림픽에서 볼썽사나운 일이 벌어졌다. 동구권이 참가하지 않아 반쪽 대회가 된 올림픽 체조 경기에서 10.00이 다량으로 쏟아져 나온 것이다. 무난하고 평범한 연기를 펼쳐도 실수만 하지 않으면 감점을 주지 않는 거품 채점 탓이었다. 미국 선수들에게 금메달을 몰아주기 위해서였다. 그 결과 지금은 이름조차 기억되지 않는 선수들이 여러 종목에서 공동 금메달을 받는 일까지 일어났다. 타고난 재능에 각고의 훈련이 더해져 도달한 완벽의 경지는 그렇게 훼손되었다.

김연아는 여자 피겨 스케이터로는 불가능해 보였던 마의 200점대를 최초로 돌파한 선수다. 지금껏 누구도 수행하지 못했던 완벽한 기술과 예술적 완성도에 대한 정당한 평가였다. 그런데 이후로 누구나 손쉽게 200점대를 받더니 결국 소치 올림픽에서 또 한 번 사기와 부패로 얼룩진 사건이 터지고 말았다. 그동안 우리에게 초월적 경지를 보여줬던 선수의 마지막 '갈라' 프로그램은 〈이매진〉이었다. 경쟁의 무대를 떠나며 '나라가 없는 세계를 꿈꾸는' 노래에 담아 전한 메시지가 과연 IOC(국제올림픽위원회)에 가닿았을까?

키워드 현대 올림픽 부정부패

11

켄 로치

— 그들 속의 나, 내 안의 그들

켄 로치의 영화는 관객의 마음속을 파고들며 쉽게 사라지지 않는 여운을 남긴다. 켄 로치는 사회주의적 정치 신념을 가진 대표적인 감독으로, 약자의 처지를 대변하며 현실의 비루함을 넘어설 희망의 메시지를 전달하기 때문이다. 무엇보다도 그에게 영화란 인간이 자신의 세계와 갖는 관계를 적나라하게 드러내는 것이다. 그것이 아무리 고통스럽다 할지라도.

사회적 관계에서 벗어난 추상적 인간은 존재할 수 없다. 그 관계에서 사람은 어느 한편에 서게 되며, 로치는 극중 인물에게 어느 편이냐고 묻는다. 그것은 관객에게 던지는 질문이기도 하다. 대답은 어렵다. 세상은 복합적이기 때문이다. 좌우의 이념 대립은 방법의 차이를 둔 분열로 이어진다. 로치는 그 가지치기를 낱낱이 추적한다.

북아일랜드 독립전쟁을 다룬 〈보리밭을 흔드는 바람〉에서는 독립의 방법에 대한 차이가 형으로 하여금 아우를 처형하도록 만든다. 식민 지배를 경험한 국민이라면 완전한 감정이입이 가능한 장면이다. 에스파냐 내전을 다룬 〈랜드 앤 프리덤〉에서는 파시즘에 대항하는 세력인 스탈린주의자와 무정부주의자 사이에 총격전이 일어난다. 이념에 의한 내전을 겪은 우리에겐 주인공의 방황과 갈등이 남의 일이 아니다.

로치는 배우들에게 대본을 부분적으로만 나눠줌으로써 상황에 스스로 몰입하여 배역과 혼연일체가 되도록 만든다. 배우는 계속해서 어느 편에 서야 할지 결정해야 하고, 그 선택의 기로에서 고민은 관객의 몫이 된다. 궁극적으로, 국가와 같은 권력의 틀을 빌려 개혁을 추구할 것인가, 아니면 개개인의 숭고한 이상에 의존할 것인가.

그는 현실이 타락의 악순환임을 직시하면서도 낙관적인 전망을 놓지 않는다. 제자리에서 싸우기를 포기하지 않는 사람들이 있음을 알기 때문이다. 약자의 연대를 통해 투쟁이 지속되기를 바라며 그는 영화를 만들어왔다. "이것은 우리의 세계다. 나는 그들의 일부고, 그들은 나의 일부다."

키워드 현대 이념 저항 정의 연대 영화

12

피터, 폴 앤드 메리

— 대통령에게 권하는 공연

1960년대부터 50년 가까이 함께한 트리오가 있다. 그 생명력의 바탕에는 대중의 사랑을 얻기에 충분한 음악성이 있었다. 여기에 더해 그들은 신념에 투철하게 헌신했다. 피터, 폴 앤드 메리는 마틴 루서 킹 목사의 연설 "나에겐 꿈이 있습니다"로 기억되는, 인권을 위한 워싱턴 행진에서 정의와 자유를 위해 억압을 부술 〈해머가 있다면〉이라는 노래를 불렀다.

1970년부터 그들은 개별 활동을 위해 트리오를 해체했다. 그러나 1972년 미국 대선에서 조지 맥거번 민주당 후보를 지지하기 위해 다시 모여 콘서트를 열었다. 맥거번은 닉슨에게 패했다. 1978년에도 핵에너지 확산에 반대하는 콘서트를 위해 다시 모였다. 이후 팬들의 성원으로 재결합한 이 트리오는 2009년 메리 트래버스가 사망할 때까지 함께 활동했다.

그들은 인권 탄압이 극심하던 니카라과나 엘살바도르를 방문해 상황을 직접 살펴본 뒤 앨범을 내기도 했다. 특히 메리는 미국에 망명 중이던 고 김대중 대통령이 1985년 귀국을 결심하자 그의 안위를 걱정하는 사람들과 함께 수행하며 한국을 방문했다. 그는 정치적 억압을 받던 한국인들도 만났다.

2012년 대선이 끝난 직후 성탄절에도 침울함을 벗어나지 못하는 마음을 달래려 나는 녹화된 이들의 공연 실황을 봤다. 베트남전쟁에 반대하는 대표적인 노래인 〈바람에 실려〉를 부른다. 닉슨 정부에 반대한 그들의 신념을 보여준다. 곧이어 캘리포니아에서 뉴욕까지 〈이 땅은 너와 나의 땅〉이라는 애국주의적인 노래를 부른다. 인종과 성별을 불문하고 어린아이에서 노인까지 모두 노래를 즐거이 따라 부르며 어떤 이는 눈물까지 흘린다.

바로 이것이다. 그들은 어떤 정부에 반대한다 하더라도 나라를 사랑하는 마음은 같다는 것을 이해하는 국민이다. 1,400만 명이 넘는 상대 쪽 지지자들을 제 땅에서 유배당한 사람으로 만들지 않고 국력을 최대화하기 위해 대통령에게 이처럼 간단한 상식을 일깨워주는 공연의 시청을 권한다.

키워드 현대 음악 인권 평화 신념 지도자

13

베라 차슬라프스카

— 정권에 맞선 올림픽 여전사

베라 차슬라프스카는 국제대회 시상대의 가장 높은 곳에 스물두 차례나 올랐던 옛 체코슬로바키아의 체조선수다. 사실 그 숫자는 더 늘어나야 했다. 1964년 도쿄 올림픽에서 금메달 셋과 은메달 하나로 주목받았던 그에게 1968년 멕시코 올림픽은 더 큰 영광이었다. 금메달 넷과 은메달 둘을 더한 것이다. 빼어난 자태로 새로운 기술을 완벽하게 연기한 그는 멕시코 올림픽에서 가장 인기 높은 선수였다.

그런데 그 경지에 도달한 과정을 보면 그의 내면의 아름다움에 더 큰 찬탄을 보내게 된다. 1968년 소련이 체코슬로바키아를 침공해 '프라하의 봄'을 겨울로 되돌려놓았다. 그는 훈련할 장소와 시설을 잃는 처지에 놓였다. 그럼에도 숲에서 감자 자루로 역기를 대신하고 통나무를 평균대로 이용하며 훈련을 계속했다. 소련의 침공에 반대하는 시국 선언에 서명했다는 이유로 도피까지 해야 했으나, 마지막 순간에 멕시코 여행이 허가되어 간

신히 올림픽에 참가할 수 있었다.

경기장에서도 소련의 횡포는 계속되었다. 마루운동에서 금메달이 확정되었으나, 마지막 순간에 소련 선수의 점수가 상향되어 공동 금메달을 받았다. 평균대에서도 같은 일이 반복되더니 이번엔 메달의 색이 바뀌었다. 시상식에서 소련의 국가가 울릴 때 그는 항의의 표시로 고개를 내리고 소련 국기를 외면했다. 자신이 받지 못한 메달에 대한 회한만은 아니었다.

그는 국민의 영웅이 되었다. 반면, 체코슬로바키아의 괴뢰정부에는 눈엣가시였다. 계속해서 민주화운동을 지지하는 발언을 용감하게 토로했기 때문이다. 정부는 그의 해외여행 권리를 박탈해 국제대회에 출전할 기회를 봉쇄했다. 은퇴를 강요한 것이다. 자서전 출판도 거부되고, 발언도 통제되었다. 잠시 멕시코에서 코치 생활을 할 수 있었던 것도 거절하면 체코슬로바키아에 석유 수출을 중단하겠다는 멕시코의 엄포 때문이었다. 아름다운 올림픽 여전사의 복권은 1990년 민주화 이후에야 이루어졌다.

키워드 현대 올림픽 탄압 저항 민주화

14

조지프 매카시 I

— 쥐 한 마리가

누군가의 영향력이 너무도 커서 이름만으로도 대개가 유사한 현상을 연상할 때 그 이름은 보통명사가 된다. 그 이름은 인간의 시간적 유한성을 넘어선다. 뢴트겐, 노벨상, 케네디 스코어 같은 명칭은 이제 역사를 초월했다. 그런데 악행으로 큰 이름을 얻는다면? 후손에겐 대대로 수치가 이어질 테니 최소한 나쁜 짓은 하고 살지는 말아야 할 것이다.

미국 상원의원이었던 조지프 매카시는 '매카시즘'이라는 오명의 원천이었다. 그는 미국 국무부에 있는 205명 공산당원의 명단을 갖고 있다는 연설을 한 다음 날, 숫자를 57명으로 줄였다. 사실은 어떤 명단도 갖고 있지 않았다. 청문회에서도 근거를 제시하지 못했지만, 공화당 보수파가 그를 부추겼다. 하나가 먹혀들지 않으면 다른 말로 밀고 나가라는 것이었다.

그러는 사이에 한국전쟁이 일어났다. 냉전의 긴장 속에서 미국인들이 공산주의에 공포심을 갖고 있던 차에 전쟁은 매카시에게 호재로 작용했다. 미국인들은 그에게 열렬히 반응했다. 공화당에서는 매카시의 효용 가치를 극대화하려 했지만, 자신의 인기를 높이기 위해 번번이 돌출 행동을 벌이는 그와 개인적으로는 거리를 두었다. 아이젠하워 대통령 역시 그를 방관했다.

매카시는 정치인을 넘어 언론계, 교수, 연예인에게까지 거리낌 없이 함부로 공격을 퍼부었다. 그가 지적하는 인물의 저작, 음악, 그림이 도서관에서 자취를 감췄다. 육군에 개인적인 청탁을 하려다 무산되자, 그는 군대에도 공산주의자가 창궐하고 있다고 매도했다. 이것이 파멸의 시초였다. 결국 청문회에서 자신의 주장을 증명하지 못하고 변명에 급급한 그의 모습을 보며 대중은 등을 돌렸고, 그는 의회에서 압도적인 표 차이로 불신임을 당했다. 태산이 흔들렸으나 쥐 한 마리였을 뿐이다.

건전한 이성에 기반을 둔 사회에서는 이런 집단 히스테리가 발붙이지 못한다. 그런 교훈을 배워야 함에도 오히려 역사가 반복됨을 보는 것 같은 이 불안감이란……

키워드 현대 정치 냉전 이념 탐욕

조지프 매카시 Ⅱ

― 정치인의 꼭두각시

매카시즘의 내막을 살피면 매카시는 오히려 꼭두각시에 불과함을 알게 된다. 많은 사람을 공직·대학·무대·은막에서 떠나게 만든 위세를 떨쳤지만, 사실 그는 결핍된 지성과 분별을 과도한 출세욕과 허세로 메우려던 허풍선이였다. 정작 실질적인 이득을 취한 이들은 그를 교묘히 그리고 치밀하게 조종했던 정치인들이었다.

미국은 양당 체제가 일찍부터 자리 잡은 나라다. 매우 단순하게 보면, 진보를 대변하는 민주당과 보수를 표방하는 공화당이 서로 더 큰 의석을 차지하려고 전력을 기울인다. 반공을 내세운 매카시가 공화당이 이용할 물건이었음은 확실하다. 공화당 의원들의 측면 지원 아래 매카시는 증거가 없는데도 돌출 발언을 계속할 수 있었다. 한국전쟁이 일어나 공산주의의 위험성이 부상하자 민주당이 공산주의에 단호하게 대처하지 않는다는 비판이 커졌다. 대놓고 정적을 '공산주의자', '스탈린주의자'로

매도하는 의원까지 있었다. 실제로 민주당은 많은 의석을 잃었고, 매카시의 입지는 탄탄해졌다. 미국에도 '북풍'이 불었던 것이다.

반공을 무기로 정치적 미래를 확고하게 다지려는 자들도 합세했다. 대표적 인물이 리처드 닉슨이었다. 매카시가 등장하기 이전부터 공산주의자 색출로 정치적 명성을 얻던 그는 매카시의 스승이 되었다. 실상 공산주의의 실체조차 알지 못하며 떠벌리던 매카시에게 닉슨은 미국 내 공산주의의 현황을 설명해줬고, 그 설명에 FBI(미국 연방수사국)의 후버 국장이 도움을 줬다. 그러나 이해관계로 만난 사람들은 이해관계로 헤어진다. 매카시와 닉슨이 그랬다. 닉슨이 밀워키에서 유세를 하고 있을 때 매카시가 지원 방문을 했다. 그러나 닉슨은 이미 정치적으로 파산한 매카시를 외면했고, 그는 연단 모퉁이에서 눈물을 흘렸다 한다.

매카시는 알코올중독으로 마흔여덟 살의 짧은 생애를 마감했다. 그의 자리를 이어받을 보궐선거에서 후보들은 모두 매카시와 전혀 관련이 없음을 강조했다. 닉슨은 유일하게 사임한 미국 대통령이 되었다.

키워드 현대 정치 냉전 이념 탐욕

16
자와할랄 네루

— 아버지의 편지

옥중의 아버지는 열세 살 외동딸의 생일에 해줄 것이 없었다. 할아버지와 어머니마저 감옥에 있어 더 가여운 딸에게 아버지는 형무소의 높은 담도 가로막을 수 없는, 영혼의 선물을 보냈다. 3년 동안 딸에게 보낸 196통에 달하는 편지의 내용은 세계사였다. 인도의 독립을 위해 영국에 저항하며 아홉 번이나 감옥에 갔던 네루는 세계사의 물결 속에 흐르는 신성한 임무를 상기시키기 위해 딸에게 편지를 보냈던 것이다. 단적으로 그 임무란 고통받는 사람들에 대한 사랑을 용감하게 행동으로 옮겨야 한다는 것이었다.

《세계사 편력》이라는 책이 된 그 편지를 쓰기 위해 네루는 자신의 기억에만 의존해야 했다. 그럼에도 그는 문명의 출발점부터 자신이 살던 시대까지 망라하며 역사를 보는 원대한 안목을 드러냈다. 그는 학교에서 나라별로 역사를 가르치는 방식을 못마땅하게 여겨, 역사의 부분에 대한 이해를 돕는 세계 전체의 역사를 딸에게 설명했다. 그런 논지의 밑바닥에는 인도에서, 그리고 인도를 넘어 전 세계에서 억압받는 민중에 대한 애정이 깔려 있다.

그는 몽골제국과 칭기즈칸을 강조하면서 아시아의 위대함을 망각하는 것은 어리석은 일이라고 말했다. 그런 까닭으로 그 책은 유럽 중심의 시각에서 벗어난 최초의 시도라는 평가를 받는다. 유관순 열사에 대해서는 일제에 저항한 용감한 여성이라고 말하며, 딸에게 "3·1정신을 본받으라"고 권했다. 한마디로 그는 오늘날 역사학의 주요한 흐름인 '약자의 눈으로 보는 역사'를 이미 오래전에 실천했던 것이다.

아버지의 이런 가르침을 받은 딸 인디라 간디가 총리가 되어 인도의 발전에 크게 기여한 것은 당연한 귀결이다. 일본 장교 출신으로 헌정 파괴를 저지른 아버지가 억압적으로 강탈한 것에 대해 변명으로 일관하는 이 땅의 어느 딸에게《세계사 편력》의 일독을 권한다. 고통받는 민중과 그들의 역사에 대한 성찰은 딴 나라 일이 아니기 때문이다.

키워드 현대 정치 식민지 독립 저항 민중 역사관

17 그리고리스 람브라키스

— 그는 살아 있다!

그리고리스 람브라키스는 조국의 민주화를 위해 투쟁하다가 암살당한 그리스의 정치가다. 제2차 세계대전 당시 그리스 독립운동에 적극 가담했던 그는 운동 시합을 조직해 굶주린 사람들을 위한 기금을 모은 운동선수이자 의료 혜택을 받기 어려운 사람들을 위해 소규모 개인 병원을 연 의사였다.

우리는 그의 정치 이념을 '평화주의'라고 부를 수 있다. 그는 베트남전쟁에 강력히 반대하여 생명의 위협을 받아가며 국제적 모임이나 시위에 참여했다. 1963년 그리스의 평화주의자들이 마라톤에서 아테네까지 평화 시위를 개최했다. 군사정권의 경찰이 개입해 시위를 금지하고, '기차는 여덟 시에 떠나네'의 작곡자 미키스 테오도라키스를 비롯한 참가자들을 체포했다. 국회의원의 면책 특권을 가졌던 람브라키스는 홀로 시위를 계속했다. 종착점에 도달했을 때 그는 영국의 핵무기 개발연구소 건설 반대에 사용했던 깃발을 들고 있었다.

한 달 뒤 그는 테살로니키의 반전 모임에서 기조연설을 했다. 연설을 마친 그는 경찰을 포함한 많은 군중이 보는 앞에서 두 명의 극우 테러리스트에게 곤봉으로 머리를 맞고 며칠 뒤 사망했다. 그의 장례식은 대규모 시위로 이어졌다. 형사와 검사가 경찰과 군부가 극우주의자들과 검은 고리로 연결되어 있음을 밝혔으나, 군부독재 아래에서 오히려 그들이 직업을 잃고 투옥되기까지 했다. 그러나 람브라키스의 희생은 그리스 민주화의 밑거름이 되었고, 지금도 그를 기리는 평화 행진이 이어지고 있다.

코스타 가브라스는 그의 삶을 기리는 소설 《Z》를 영화로 만들었다. 그리스어 발음의 'Z'는 "그는 살아 있다"는 뜻이다. 그리스 군부는 영화의 상영뿐 아니라 'Z'라는 글자의 사용까지 금지했다. 그러나 그 영화는 주요 영화제마다 상을 받아 가브라스의 명성을 더해줬다.

영화 〈또 하나의 약속〉이나 〈다이빙벨〉처럼 사회문제를 고발하는 영화에 대한 외압이 계속된다. 하나 무릇 손바닥으로는 해를 가리지 못한다.

키워드 현대 정치 독재 저항 통제 민주화 영화

에릭 홉스봄

— **큰 별이 지다**

에릭 홉스봄은 19세기가 1789년 프랑스혁명으로 시작해 1914
년 제1차 세계대전의 발발과 함께 끝났다고 주장하며 "긴 19세
기"라는 용어를 만들었다. 그 19세기를 다룬 3부작《혁명의 시
대》,《자본의 시대》,《제국의 시대》는 그의 대표작이다. 프랑스
혁명과 산업혁명이 오늘날 자유주의적 자본주의의 추진력이었
음을 논증한 것이다. 분량이 방대한 책이지만 학술 용어가 없어
비전문가도 쉽게 읽을 수 있다.

　　대학 시절 공산당에 가입해 끝내 당적을 바꾸지 않았던 그는
정치적인 이유로 피해를 보기도 했다. 옥스퍼드와 케임브리지
대학교에서 교수직을 거절당한 그는 버크벡 대학교에서 학생
들을 가르쳤지만 10년 동안 승진이 되지 않았다. 1956년 소련
이 헝가리를 침공하자 환멸을 느낀 많은 사람이 영국 공산당을
떠났을 때에도 그는 그대로 남았다. 하나 방관자는 아니었다.
그는 헝가리 사태를 "관료주의와 사이비 공산주의 정치체제에 대한 노동자와 지식인 들의 봉기"로 보면서 소련 정부에 항의 서한을 보냈다. 평등을 추구하는 이념이 갖는 이상에는 동의하지만, 실제 정부의 범죄와 권력 남용을 받아들일 수는 없다는 의사 표현이었을 것이다.

그에 따르면 역사가의 과업이란, "단순히 과거를 발견하는 것이 아니라 설명하는 것이며, 그 과정에서 현재와 관련성을 제시하는 것이다." 역사가들은 다양한 관점을 갖고 있고, 그에 따라 어떤 정치적 명분에 개입하게 된다. 그것은 연구에 창의력을 불어넣어 역사학이 내향적으로 화석화되는 것을 막는다.

미국 유학 시절, 학교에서 열린 국제 학술대회에 홉스봄이 대회장 자격으로 초청되었다. 그의 개회사 이후 다음 날부터 분과 발표가 있었는데, 홉스봄은 점퍼와 운동화 차림으로 분과 발표에 참여해 발표자들과 활발한 토론을 벌였다. 같은 강의실에서 토론을 벌이는 자리에 있었던 것만으로도 잊지 못할 경험이었다. 병상에서도 마지막 순간까지 연구를 이어가며 자료와 씨름한 역사가, 이젠 편히 쉬시길.

키워드 현대 역사가 이념 양심 책무

19
빅토르 유셴코

— **오렌지혁명**

2004년 11월, 우크라이나에 대통령 선거가 있었다. 당시 대통령이었던 레오니드 쿠치마는 존경받던 언론인 게오르기 곤가제를 납치해 살해했다는 의심을 받아 인기가 떨어진 상태였다. 그는 총리인 야누코비치를 내세워 계속 지배권을 행사하려 했다. 그의 반대편에는 민주화의 여망을 실현할 인물로 각광받던 유셴코가 있었다.

1차 투표에서 과반수 득표가 없었기에 결선 투표에서 둘이 격돌했다. 출구 조사 결과는 유셴코가 11퍼센트포인트 우세였으나, 중앙선거관리위원회는 야누코비치의 승리라는 잠정 집계를 발표했다. 유셴코 지지자들은 즉시 부정선거와 개표 조작 결과에 불복하는 시민 저항운동에 나섰다. 실제로 선거 두 달 전에는 러시아의 개입이 의심되는 독살 기도로 유셴코의 피부가 심하게 손상되는 참사까지 있었다.

수도 키예프의 마이단(독립) 광장에 있는 국회의사당 앞에 수

십만 명이 모였다. 유셴코 지지자를 상징하던 오렌지색은 이제 자유와 정의의 색깔이 되었다. 군대의 개입이나 러시아의 침공이라는 위협이 있음에도 오렌지색 옷을 입거나 깃발을 든 사람들이 자리를 지키며 평화 시위를 지속했다. 시민 불복종운동과 연좌 농성, 파업이 이어졌다. 그들은 안으로는 정치와 경제의 민주화, 밖으로는 러시아로부터 독립을 원했다. 국내외 언론도 신속하게 보도하면서 시위자들을 지지했다.

마침내 대법원에서 재투표를 명령했다. 국내외의 비상한 관심 속에 공정하게 치러진 12월 26일의 투표는 유셴코의 확연한 승리로 귀결되었다. 그가 한 달 뒤 대통령에 취임함으로써 오렌지혁명은 끝이 났다. 희생을 무릅쓴 시민의 자발적인 참여 외에도 이 혁명에서 눈여겨봐야 할 점은 국가의 기밀을 책임진 비밀정보원들이 유셴코를 은밀히 지지했다는 것이다. 그들도 절도와 폭력과 부정부패의 전과가 있는 야누코비치가 지휘하는 체계 아래에 있기 싫었던 것이다. 그들이야말로 진정한 '국가' 정보원이라 말할 수 있다.

키워드 현대　정치　선거　부정부패　저항　혁명　민주화

20 레흐 바웬사

"이 체제의 특징은 정책 결정 과정에서 민주적 절차를 철저히 무시하며, 아무도 그 결정에 책임을 지지 않아서 지도적 위치에 있는 사람들을 교체할 수 없다는 데 있다. 정부와 경제 지도부의 관료 체제에 군건히 뿌리박은 특권층은 누구의 통제도 받지 않는다. 사회 전체의 이익보다는 사적인 이해관계와 물질적 특혜와 출세에 유리한 방향으로 모든 것을 결정한다." 아주 친숙한 정경으로, 우리의 지도층을 객관적으로 정밀하게 묘사한 것 같다.

열악한 노동조건을 경험한 뒤 일찍부터 노동운동에 뛰어들었던 레흐 바웬사는 정부의 통제를 받지 않는 노동조합 결성을 목표로 삼았다. 그가 목표를 이룬 계기는 1980년에 폴란드 그단스크의 조선소에서 일어난 대정부 투쟁이었다. 폴란드 정부는 자유노조를 합법화했고, 그것은 공산국가 최초의 민주적 노조 결성으로 이어졌다. 위의 인용문은 그 노조의 행동 강령에 나오는 사회주의 체제에 대한 비판이다.

자유노조의 성공은 곧바로 바웬사의 정치적 성공으로 이어졌다. 우여곡절이 있었지만, 노벨 평화상을 받을 정도로 국외에서 역량을 인정받은 뒤로 그의 정치적 영향력은 더욱 커졌다. 1989년 국회의원 선거에서 자유노조 쪽은 한 석을 뺀 모든 의석을 차지했다. 1990년에는 대통령 선거에 출마해 압도적인 지지로 당선되었다.

그러나 당선 이후 사정이 바뀌었다. 정책 비판에 인신공격까지 더해지면서 언론과 좋은 관계를 유지하지 못했던 그의 대중적 인기가 점점 하락했다. 노조 지도자로서는 좋았을지 몰라도 수준 미달의 표현 능력이나 공격적인 태도 등이 대통령직에는 어울리지 않는다는 것이 비판의 핵심이었다. 1995년 대통령 선거에서 간발의 차이로 낙선한 그는 2000년 대선에서 단지 1퍼센트의 득표에 그치며 정치적 영향력을 거의 상실했다.

권력의 무상함을 말하려는 것이 아니다. 한때 우상이었을지라도 능력과 평판에 따라 가차 없이 표를 거부하는 그들의 풍토가 부러워 읊조리는 넋두리다.

키워드 현대 노동 지도자 선거

21
니콜라에 차우셰스쿠

— 독재자의 말로

소련의 영향권에서 독자 외교 노선을 천명한 동구권 지도자가
있었다. 루마니아 대통령이었던 니콜라에 차우셰스쿠다. 소련
이 체코슬로바키아를 침공하여 '프라하의 봄'을 와해시키려 했
을 때 그는 소련을 공개적으로 비판했다. 이때 그의 인기는 자
국은 물론 서방에서도 최고조에 달했다. 그러나 차우셰스쿠는
이후 개인 우상화, 언론 탄압, 족벌 체제, 공포정치 등 유례없는
악행을 저지르며 혹독하게 루마니아를 짓밟았다.

1971년 그는 아시아 순방 중 접한 북한의 주체사상과 김일성
개인숭배에 경도되어 자신의 우상화 작업을 단행하기 시작했
다. 국가평의회 의장과 대통령을 겸해 명실상부한 일인자가 된
그는 대법원장과 검찰총장을 멋대로 임면했으며, 남발한 포고
령에 의존해 통치함으로써 헌정 질서를 파괴했다.

인권유린의 극단적인 예가 '포고령 770'이다. 출산율 저하가
국가 경쟁력 약화로 이어졌다고 판단한 그는 피임과 낙태를 금

지하는 법안을 강제했다. 출산정책에는 무리수가 따를 수밖에 없었다. 모든 여성이 다달이 산부인과 검진을 받아야 했고, 비밀경찰이 병원을 감시했다.• 어쨌든 그 법안의 단기적인 효과로 '베이비 붐'이 일어나긴 했다.

  수십 명의 친인척을 동원한 그의 족벌정치는 독재자들 특유의 배신에 대한 두려움에서 비롯되었다. 2,000만 국민을 감시하기 위해 300만 개의 도청기를 설치하고, 친위대를 조직해 공포정치의 도구로 사용하며 정규군보다 우대했다. 무리한 공업화 경제정책은 엄청난 외채를 낳았는데, 그는 언론을 장악해 경제파탄 사실을 철저히 숨겼다.

  영원할 것 같던 그의 통치는 연례행사였던 1989년 대통령 지지 대회에서 무너졌다. 대열의 뒤쪽에서 야유가 시작되었고, 곧 군중은 독재에 저항하는 시위대로 급변했다. 이 역사적인 장면이 생방송으로 나갔고, 군대마저 시민 세력에 가세해 결국 차우셰스쿠는 몰락했다. 속결로 처리된 그의 공개 처형도 생방송으로 중계되었다. 크리스마스에 있었던 특별한 사필귀정이었다.

키워드 현대 지도자 독재 저항

• 루마니아의 영화감독 크리스티안 문지우의 〈4개월, 3주 그리고 2일〉(2007)은 '포고령 770'으로 인한 불법 낙태 실상을 고발하면서 독재체제 아래 억압된 여성의 현실을 그려내 전 세계에 충격을 주었다.

22 아서 러브조이

— 존재의 대연쇄

아서 러브조이는 미국 특유의 지성사 전통을 확립하는 데 크게 공헌한 역사가다. 그는 철학이나 사상의 역사에서 중요하게 꼽히는 저서를 많이 집필한 것은 물론, 동료 학자들을 모아 학술 모임을 결성하기도 했다. 1940년에 미국에서 《관념사 잡지》가 태동한 것은 그가 기울인 노력의 결실이었다.

그의 독특한 접근 방법 중 하나는 '단위 관념'이다. 그것은 어떤 철학 사조나 사상가의 체계가 아무리 복잡해 보인다 해도 그 것을 구성하는 가장 기본적인 단위를 뽑아낼 수 있다는 신념에서 출발한다. 그러한 '단위 관념'이 여러 시대에 걸쳐 어떻게 생성되고, 다른 관념이나 현상과 어떻게 관련을 맺으며 변천했는지 그 과정을 연구하는 것이 지성사가의 과제라는 것이다.

《존재의 대연쇄》는 그 방법론을 적용한 역작이다. '존재의 대연쇄'란 최고의 존재인 신으로부터 천사들의 위계질서를 거쳐 인간과 동물과 식물과 무생물로 우주가 가득 차 있다는 생각이다. 모든 존재가 사슬의 한 고리를 이루면서 다음 사슬로 미세한 차이만을 보이며 연결되어 있다. 사슬에서 한 고리가 사라지면 사슬 전체가 붕괴하듯, 모든 존재는 우주를 구성하는 필수적인 부분이다. 서양에는 이러한 관념이 고대부터 이어져 내려왔다는 것이다.

오지에서 미지의 생물을 발견했을 때 사람들은 이 연쇄의 한 고리를 찾았다고 생각했다. 이 관념은 질적으로 진화해 제일 높은 선에서 제일 낮은 악까지 지상에 존재해야 할 필연성에 대한 논리로 이어졌다. 신은 모든 것을 만들 수 있는 권능을 갖고 있다. 그럼에도 악은 만들지 않았다. 신은 피조물에게 완전성을 부여하지 않음으로써 악이 존재할 수 있는 여지를 두었을 뿐이다. 위대한 사상가들이 악을 판단의 무능함이나 선의 결여라고 여긴 이유가 거기에 있다.

이 땅에도 악은 존재한다. 뉴라이트의 활동을 보노라면 '무능'과 '결여' 위에 '타락'이란 단어를 더하고 싶다.

키워드 현대 역사가 지식인 책무

23

안드레이 타르콥스키

— 절망에서 희망을

안드레이 타르콥스키는 일곱 편의 영화만을 남겼다. 그렇지만 그것만으로도 "영상 언어를 새롭게 창조하여 사색과 꿈으로서의 삶을 포착했다"라는 찬사를 들었고, 주요 국제영화제에서 영예를 거두어들였다. 영화사에 남긴 짧지만 굵은 그의 족적은 러시아에서 바뀐 위상을 통해서도 확인된다.

소련 당국에서는 그의 영화가 체제 유지에 도움이 되지 않는 다고 판단했다. 〈솔라리스〉는 엘리트주의에 물들었다는 이유로 자금 지원이 중단되었다. 18세기 러시아의 표트르 대제를 다룬 영화는 검열을 통과하려고 제출한 대본과 실제 대본이 다르다는 이유로 완성조차 되지 못했다. 〈노스탈기아〉는 칸 영화제에서 '황금종려상'을 받기로 되어 있었으나 소련 정부가 개입해 취소시켰다. 전부터 망명을 생각했지만 가족의 안위 때문에 주저했던 타르콥스키는 마지막 작품 〈희생〉 이후 소련을 떠났다. 그러나 그의 망명 생활은 2년 만에 끝났다. 사인인 폐암에 대해

KGB(소련 국가안보위원회)의 독살에 의한 것이라는 음모설이 나돌 정도로 그와 소련의 관계는 소원했다.

1985년 미하일 고르바초프가 실시한 개혁정책인 페레스트로이카 이후 러시아에서 그를 인정하기 시작했다. 그의 이름을 기리는 국제영화제가 만들어졌고, 고향 유리예베츠에는 박물관이 건립되었다. 러시아 천문학자가 발견한 소행성에는 '3345 타르콥스키'라는 이름이 붙기도 했다. 묘비명에 새겨진 것처럼 그는 "천사를 만난 인간"이 되었다.

그의 영화는 이해하기 어렵고, 어려운 만큼 지루한 것으로 알려져 있다. 형이상학적인 주제를 천착하기 때문이다. 그러나 그의 영화가 갖는 뜻을 깊이 음미하기 시작하면 물질적 풍요를 제공하는 듯한 현대의 현란한 유혹에서 벗어날 수 있는 전망을 얻게 된다. 그는 말한다. "예술가가 말하는 세계가 절망적이면 절망적일수록 그는 이 희망 없는 세계와 대비되는 이상을 더욱 분명하게 드러낼 수 있다. 예술은 우리 존재의 의미를 상징화한다."

키워드 현대 영화 예술 국가 통제

24 오스카르 로메로

— 목소리 없는 자의 목소리가 되어

오스카르 로메로는 엘살바도르에서 대주교로 활동하다가 자객에게 살해당했다. 사망한 지 17년이 지난 1997년, 가톨릭교회는 그를 성인으로 추대하는 절차를 시작해 지금도 그 과정이 진행 중이다. 그렇지만 이미 엘살바도르 국민은 그를 '성 로메로'라고 부르며 추앙한다. 그에 대한 숭배는 가톨릭교회의 문턱을 넘었다. 영국 성공회의 웨스트민스터 사원에는 20세기 위대한 순교자인 그를 기리는 동상이 서 있다.

그가 널리 존경받는 이유는 빈곤한 민중을 위해 헌신하면서도 시대의 요청을 받아들여 단호하게 군부독재에 맞선 실천적 삶과 죽음이 주는 감동에 있다. 대주교직에 오르기 전의 그는 전통을 지키며 말없이 기도하는 보수 성향의 성직자였다. 그 점이 당시 급진적인 해방신학자들을 견제하려던 바티칸의 눈에 들어 대주교에 서임되었을 수도 있다.

그러나 빈민 구제 활동을 하던 동료 그란데 신부가 살해된 사건을 통해 그는 적극적인 실천의 길로 들어선다. "그가 한 일 때문에 그를 죽였다면 나도 그 길을 가야만 한다." 전통적으로 엘살바도르의 가톨릭교회는 군부 및 부유한 권력자들과 친밀한 관계를 유지했지만, 로메로는 가난한 사람의 편에 서서 빈곤과 사회적 부정의와 암살과 고문에 반대하는 목소리를 높였다. 그는 군부에 무기를 지원하는 미국 정부에도 일침을 가하며, 미국의 군사 지원은 억압받는 자들의 인권을 침해할 거라는 내용의 편지를 카터 대통령에게 보냈다. 그러나 카터는 이를 무시했다.

라디오방송으로도 메시지를 전달하던 로메로는 엘살바도르 군인들에게 신자로서 지고한 신의 명령에 따라 민중에 대한 억압을 중지하라고 촉구했다. 다음 날 미사를 집전하던 도중 그는 제단 앞에서 총탄에 맞았다.

이 땅의 고위 성직자들은 보수적 태도를 많이 보인다. 그들이 어느 정당이나 이념을 대변할 필요는 없다. 다만 사제로서 소명을 잊지 말고 억압받는 "목소리 없는 자의 목소리"가 되기를 바란다. 그것이 하느님의 뜻을 따르는 길이다.

키워드 현대 종교 독재 저항 민중 실천

25 마르크 블로크

역사학에서 20세기를 대표하는 학파를 하나 꼽으라면 아마도 많은 사람이 프랑스의 아날학파를 거명할 것이다. 아날학파는 장기적으로 변화하지 않는 기후나 풍토와 같은 요인이 인간의 삶에 더 큰 영향을 미친다고 주장했다. 농민이 국민 대다수를 차지하던 시대에 농작에 가장 크게 작용하던 것이 그러한 지리적인 요소라고 했다. 결과적으로 그들은 생활사라는 영역을 개척하여 사람들의 의식주에 대한 구체적인 관심사를 역사의 대상으로 편입시켰다.

이러한 아날학파를 창립한 인물 가운데 마르크 블로크라는 역사가가 있다. 그의 대표 저서인《프랑스 농촌사》와《봉건사회》는 각기 그 주제를 다룬 분야에서 정전으로 꼽히고 있다. 그의 저서 중에는《역사가를 위한 변명》이라는 책이 있는데, 그것은 동료 역사가의 귀여운 딸이 했던 "아빠, 역사학은 어디에 쓰이는 건가요?"라는 질문에 답하여 쓴 책이다. 당시 명확한 대답을 찾을 수 없었던 그는 오랜 세월에 걸쳐 그 답을 찾으며 책을 썼다. 그는 "학자와 학생들에게 똑같은 어조로 말할 수 있는 작가라는 말보다 더 높은 찬사는 없다"라고 머리말에 적었다. 그렇게 따뜻한 인간이었다, 그는.

제1차 세계대전 당시 서부전선의 참호에서 싸웠던 그는 제2차 세계대전에도 가장 나이가 많은 장교로 자원입대하여 레지스탕스 활동을 벌였다. 2년에 걸쳐 독일군에 저항하던 그는 마침내 사로잡혀 고문받고 처형되었다. 그가 탈출했다는 소문이 돌았다. 사람들은 환호했다. 그러나 그것이 단지 소문이었음이 밝혀지자 사람들은 다시 비탄에 빠졌다. 어떤 이는 "학문의 세계 전체가 큰 타격을 받았다"라고 표현했다. 처형장에서도 총에 맞으면 아프냐고 묻는 어린이에게 그는 따뜻이 말을 건넸다.

역사가는 이런 사람이다. 일본의 강제 점령을 미화하고 독재를 찬양하며, 그것을 교과서에 강압적으로 도입하려는 무리에게는 '역사학자'라는 단어가 분에 넘친다.

키워드 현대 역사가 민중 책무

에드워드 사이드

— **지식인의 책무**

에드워드 사이드는 정체성의 위기를 겪으며 한평생을 살아간 문학평론가였다. 고향인 영국령 팔레스타인에서 이집트로, 이집트에서 미국으로 거의 강요된 유랑생활을 하면서 그가 어렸을 적부터 얻게 된 감성은 "언제나 나의 땅에서 소외된 느낌"이었다. 영어식 이름 '에드워드'가 아랍계 이름 '사이드'와 조화를 이루지 못하고 있다는, 항시 느꼈던 유쾌하지 못한 감정이 그가 정체성의 경계에서 받던 고통을 대변한다. 망명 상태에서 주변인으로 살았던 지식인이 어디 사이드뿐이었을까마는, 그래도 그가 돋보이는 것은 개인적 고뇌와 갈등의 상황에서 참된 지식인이 선택해야 할 삶의 한 전범을 이끌어냈기 때문이다.

사이드에게 지식인이란 언제나 망명자이거나 주변인일 수밖에 없다. 망명자는 언제나 고향과 타향의 경계에 위치한다. 고향은 돌아가고 싶은 곳이지만 타향은 살아갈 수밖에 없는 곳이다. 두 세계 사이에서 불편함을 느끼더라도 지식인은 그것을 자

66

신의 삶의 방식으로 받아들여야 한다. 불편함을 느낀다고 해서 현실과 타협하면서 권력과 명예와 부를 추구하는 사람들은 이미 지식인의 자격을 상실한 것이다.

지식인은 자신의 국가나 인종이나 직업에 구속되지 않은 채 개별적으로 자유로운 정신을 갖고 체제를 비판하는 기능을 수행해야 한다. '전문 지식인'은 국가나 자본이 인정하는 영역 내부에서 금전적 보상이나 정치적 권력을 기대하며 작업한다. 따라서 그들은 '자유와 지식을 증진'하는 참된 지식인이 될 수 없다. 참된 지식인은 단지 그 일을 사랑해서 하는 사람인 '아마추어'여야 한다. 그는 보편성에 기반을 두고 대중의 집단적 고난을 대변해야 한다.

서양의 오만을 예리하게 들춰낸 현대의 고전이 된 사이드의 《오리엔탈리즘》은 이런 힘을 바탕으로 탄생했다. 법의 기본 정신을 망각한 헌법재판소 재판관들에게 항상 곁에 두길 권하는 책이다. 정신이 번쩍 들도록.

키워드 현대 지식인 책무

27 로버트 포겔과 스탠리 엥거먼

— 숫자에만 의존한 역사의 오류

1974년 미국에서 흥미로운 경제사 책이 나왔다.《뉴욕 타임스》,
《워싱턴 포스트》,《뉴스위크》를 비롯한 저명 언론 매체에서 서
평을 실으며 주목했으니 경제사로는 이례적으로 큰 관심을 받
은 책이었다.《십자가 위의 시간》이라는 제목으로 출간된 그 책
의 주제는 미국 남부 흑인 노예제의 역사다. 제목만으로도 노예
제가 고난과 시련의 역사였음을 알 수 있다.

이런 주제의 책이 처음도 아니었는데 왜 유독 이 책에 관심이
집중되었을까? 흑인 노예제의 역사는 역사가의 출신 배경에 따
라 서술 내용이 뚜렷이 달라진다. 남부 출신의 역사가들은 노예
제가 그다지 가혹한 제도가 아니었음을 강조하는 반면, 북부 출
신의 역사가들은 엄격한 도덕적 잣대를 들이밀면서 비인간적
인 착취의 현장을 고발한다. 다른 한편으로 백인은 이 문제에
대해 왈가왈부할 자격이 없다고 말하는 흑인 역사가도 있다.

이렇듯 민감한 문제에 대해 이 책의 공저자인 로버트 포겔과

스탠리 엥거먼은 계량적 수치를 이용해 가치중립적인 숫자가
말하게 하자는 계량의 방법을 도입했다. '미국 흑인 노예제의
경제학'이라는 부제가 붙은 이유다. 이들은 흑인 노예가 일주일
에 받았던 채찍질의 횟수라든가, 그들이 하루에 섭취한 식량의
총 칼로리를 수치화해 통계자료를 만들었다. 그렇게 도달한 결
론은 통념과 달리 노예제가 수익성 높은 효율적 경제제도이며,
흑인 노예가 섭취한 칼로리가 북부 백인 노동자보다 떨어지지
않았기에 대우도 나쁘지 않았다는 논리였다.

　기본적으로 노예가 매매되는 물건이었다거나 그들에 대한 채
찍질이나 감금 자체가 갖는 도덕적 부당성을 염두에서 제외한
결과였다. 노예제의 역사에 부담을 느끼는 미국인들의 가책을
덜어주는 데 일조한 주장이었으나, 그 효과는 일시적이었다. 오
늘날 이 책은 "찻잔 속의 태풍으로, 과감하나 신빙성 없는" 저
작이라는 평가를 받는다. 숫자에만 의존하는 역사가 갖는 숙명
일 수밖에 없다.

키워드 현대　역사가　역사관　노예

28 움베르토 마투라나

— '앎'이 곧 '함'이다

움베르토 마투라나는 '인지생물학'이라는 분야를 확립한 칠레의 생물학자다. 단순화해서 쉽게 설명하기 어려운 그 새로운 영역의 출발점에는 '구성주의'라는 원리가 깔려 있다. 모든 생명체는 자신의 인지 능력에 맞춰 세상을 구성한 뒤 그 틀로 사물을 본다는 것이다. 인간은 눈으로 세상을 보지만 박쥐는 초음파로 세상을 본다. 한 세상에 살고 있어도 각기 다른 방식으로 세상을 보고 구성하기에 그 둘은 각기 다른 세계에 산다.

이것은 모든 세계관이 나름의 정당성을 갖는다는 극단적 상대주의로 치달을 수 있는 원리이긴 하나, 마투라나는 여기에서 개인적 차원의 생존이 사회적 차원의 공존으로 이어진다는 윤리적 결론을 이끌어냈다. 그런 이유로 그는 생물학을 넘어 인문·사회과학 전반에 의미 깊은 통찰력을 제시한 철학자로 인정받는다.

모든 존재가 자신만의 고유 세계, 즉 자신만의 '섬'에 갇혀 서로 폐쇄적이라면 소통은 어떻게 가능할까? 이 질문에 마투라나는 '관용'보다 '존중'이라고 답한다. 자신의 세계만이 옳다고 고집하면서 다른 세계에 베푸는 식의 '관용'보다는 상대방의 세계와 환경을 그 자체로 '존중'하는 것이 획일성의 폭력에서 벗어나는 길이다. 그렇게 세계는 함께 구성해가는 공간이 된다.

이 세계란 우리가 함께 구성하는 것이기에 우리 모두는 윤리적일 수밖에 없다. 그 사실을 아는 순간 더 이상 우리는 모를 때처럼 행동할 수 없기 때문이다. 우리가 세계를 우리의 방식으로 구성'함'을 '알게' 되는 순간 우리는 함께 얽혀 이 세상을 만들어가며, 그 '앎'은 또다시 '함'으로 연결된다. 이 행위와 경험의 순환 구조에서 이 세상을 선하게 구성해야 하는 것이 우리의 윤리적 의무가 아니겠는가?

이런 측면에서 영화배우 김부선을 응원한다. 아파트 관리비비리에 대한 '앎'을 그것을 개선하려는 '함'으로 옮긴 그가 그시도를 오도하고 왜곡한 매체보다 윤리적으로 훨씬 더 우월하기 때문이다.

키워드 현대 철학 덕목 실천

아타우알파 유팡키

— 가우초의 노래를 부르는 음유시인

아르헨티나를 대표하는 음악으로 보통 탱고를 꼽는다. 정열적이고 세련되며 장중한 이 매혹적 춤곡은 이제 세계인의 음악이 되었다. 본디 떠나온 고향에 대한 유럽 출신 백인 이민자들의 향수를 담고 있기에 탱고는 세계주의적 성격이 강하다. 〈기모노 입은 탱고〉와 〈서울 야곡〉이 있는 걸 보면 이제 탱고는 모든 이들의 음악이 되어 국적이 없어진 듯 보인다.

그런데 아르헨티나에는 부에노스아이레스와 같은 대도시뿐 아니라 초원이 펼쳐진 팜파스도 있다. 그 드넓은 평원에서 말달리던 목동 가우초도 음에 대한 내면의 욕구를 그들만의 독특한 음악 세계로 발전시켰다. 원주민 인디오나 혼혈 메스티소가 가우초의 대다수를 이루었기에 그들의 음악은 소외 계층의 정서를 반영했다. 더구나 인종의 차이는 사회적 차별로 이어지기에 그 음악은 민중의 한을 표현한다.

아타우알파 유팡키는 그 음악을 대표하는 음유시인이다. '아타우알파'와 '유팡키'는 잉카제국 왕들에게서 따온 예명으로, 이름부터 유럽과 다른 그 산하 고유의 민속음악을 만들고 있음을 명확하게 드러낸다. 그럼에도 그의 음악은 어떤 틀에도 얽매이지 않고 자유롭다. 그에게 음유시인은 민중과 함께 호흡하며 자연의 소리를 귀담아듣는 사람이다. 그는 소리가 되지 못하는 민중의 절망과 아픔, 바람이 들려주는 시를 노래로 전한다. 그의 노래는 철학이요, 역사다. "이렇게 역사에 기록되지/동향인이여, 우리 대지의 역사가/책에서, 일부는 지워지면서/평원에서 서로 가로지르며."

소통의 단절로 고통스런 이 땅에도 그의 말은 유효하다. "쫓기는 음유시인은 내가 아니라 아르헨티나 국민이다. 민중은 평화롭게 자길 원한다. 천천히 시간을 보내며 나무처럼 나이 들고 싶다. 쫓기는 음유시인은 나 하나가 아니라 수천 명이나 된다. 음유시인이 중요한 것이 아니다. 그러나 쫓기는 자는 매우 힘이 든다."

약한 이들의 곁에서 노래하기에 정권에게 쫓기는 김장훈에게서 음유시인의 모습을 본다.

키워드 현대 음악 원주민 차별 저항 민중 연대

비올레타 파라

시와 노래가 가득한 가정이 있었다. 아버지는 음악 교사였고, 농부 어머니는 기타를 치며 노래 불렀다. 비올레타 파라는 재능을 알아챈 시인 오빠의 격려를 받으며 남매들과 함께 가수로 나섰다. 아버지가 돌아가신 뒤에는 생계를 위해 나이트클럽 무대에 섰다.

그가 부르던 노래는 당시 칠레에 유행하던 미국풍 대중음악이 아니었다. 그는 오빠의 친구인 파블로 네루다의 조언을 받은 뒤 농촌에서 민중가요를 채보해 민속음악의 원형을 살리면서 전원 풍경의 아름다움을 선율로 만들었다. 식민지를 지배하던 에스파냐 교회와 정부는 안데스 원주민의 음악과 악기를 '악마의 소리'로 규정했고, 보수 정부도 그 탄압의 전통을 이었다. 따라서 그의 노래는 유장한 산천을 읊어도 저항의 말이요, 몸짓이었다.

점차 그는 노래를 통해 사회정의를 밝히려는 의도를 명백히

했고, 사회적 불평등과 정치적 탄압을 비판하며 라틴아메리카의 연대를 강조했다. 보수 정권의 탄압은 칠레의 노래를 유랑의 길에 오르게 만들었지만, 오히려 그것은 칠레의 '누에바 칸시온', 곧 '새로운 노래'가 더 풍요로운 음악성을 얻으며 세계로 퍼지는 기회가 되었다.

그의 가장 유명한 곡은 〈삶에 감사를〉이다. 메르세데스 소사와 조앤 바에즈가 불러서 유명해진 이 노래는 "귀뚜라미와 카나리아 소리, 망치 소리, 터빈 소리, 개 짖는 소리, 빗소리" 같은 평범한 삶의 소리를 듣게 해주는 '귀'에 감사한다. 일상의 소소한 슬픔과 행복이 "나와 여러분의 노래"가 되었다는 노랫말은 '함께하는' 삶에 대한 찬미로 들린다.

그러나 오랜 기간 연인이자 동지로 살아왔던 사람과 이별한 뒤 주체 못할 슬픔을 내면화한 결과였음을 알게 될 때, 이 노래는 완전히 다른 의미로 가슴을 파고든다. "삶에 감사합니다. 삶은 내게 인간의 정신이 열매를 거두는 것을, 당신의 맑은 눈 깊은 곳을 응시할 때 내 심장을 온통 뒤흔드는 마음을 주었습니다." 이 노래는 파라의 마지막 곡이 되었다.

키워드 현대 음악 원주민 탄압 차별 연대

31 페데리코 펠리니

— 그의 자서전

영화 애호가에게 페데리코 펠리니는 〈길〉과 〈달콤한 인생〉 등 사실주의적 작품의 감독으로 가장 잘 알려져 있다. 그러나 그는 50년이 넘는 영화계 생애를 통해 현실과 환상, 의식과 무의식의 세계를 넘나드는 기법을 개발해 초현실주의라는 영상 표현의 새로운 경지를 개척한 선구자로도 기억되어야 한다.

펠리니는 시나리오 작가로 영화계에 입문했고 이후에도 많은 작품의 시나리오를 직접 썼을 정도로 글솜씨가 뛰어났다. 펠리니의 글에 반한 어떤 이는 "영화는 빛을 잉크로 사용한 글쓰기"라고 했던 장 콕토의 말을 비틀어 "어떤 영화감독은 잉크로도 빛의 세계를 구축한다"라고 말했을 정도였다. 《펠리니에 대해 펠리니가》는 그가 자전적인 에세이와 인터뷰를 재구성해 만든 책이다. 완벽한 자서전은 아니라 할지라도 최소한 그가 자서전에 대해 갖는 생각만큼은 알게 해준다.

그는 자신을 어릿광대에 빗댄다. "그는 언제나 유쾌하고 익살

맞고 초라하나 애정 어린 박수를 불러일으킨다. 나는 어릿광대가 되고 싶었다. 그는 자유로운 존재다. 그는 타인에게 즐거움을 주는 동시에 스스로도 즐길 줄 안다. 이것은 신의 가호 아래 있는 사람만이 할 수 있는 일이다. 그는 농담의 희생자인 동시에 농담의 주체이고, 조롱하는 자이자 조롱당하는 자다." 이렇듯 자신의 주체를 확신하면서도 내면을 객관화할 수 있었기에 펠리니는 세상을 보는 더 넓은 눈을 얻었고, 그것은 기성 질서에 대항하는 원동력이 되었다.

그에게 모든 예술은 자전적이며, "진주는 조개의 자서전이다". 얼마 전 전직 대통령이 자서전을 발간해 세간의 입에 오르내렸다. 펠리니의 이 명언을 보여주며 그의 자서전은 무엇일지 사람들과 이야기를 나눴다. '큰빗이끼벌레' 등 고개를 끄덕거리게 하는 여러 대답 중에서도 다음의 대답이 가장 마음에 와닿았다. '옥중 수고를 위한 습작.'

키워드 현대 영화 예술

32

아돌프 아이히만

— 이상한 정언명령

전쟁은 끝났으나 아직 끝나지 않았다. 인종 대학살이 감행된 제2차 세계대전이었기에 전쟁 범죄자들의 죄과를 따지는 일은 국제적으로 초미의 관심사였다. 나치 친위대로 유대인 학살을 주도했던 아돌프 아이히만에 대한 재판이 1961년 예루살렘에서 시작되었다. 미국의 시사 잡지《뉴요커》가 한나 아렌트에게 참관기를 의뢰했다.

아렌트는 나치를 피해 미국으로 망명한 독일 출신 유대인이었다. 그는《전체주의의 기원》에서 극좌와 극우는 테러에 의존하는 전체주의적 지배 형태라는 점에서 같다는 주장을 펼쳐 학문적 논란의 중심에 서며 이름을 알린 정치철학자였다. 그의 참관기는 재판의 전체적 모습, 특히 피고의 논리에 대한 인상적인 해석을 담아《예루살렘의 아이히만》이라는 책으로 출판되었다. 그 책의 부제에서 '악의 평범성'이란, 평범한 관료들이 아무 생각 없이 명령에 복종하고 근면하게 직무를 수행하며 '악'마저

78

성실히 반복해 무뎌진 윤리관으로 악행을 저지른다는 뜻이다.

재판 과정에서 아이히만은 자신의 행위를 정당화하는 논리로 칸트의 '정언명령'을 내세웠다. 거역할 수 없는 절대명령에 복종한 것이기에 잘못이 있을 수 없다는 항변이었다. 그 명령권자가 히틀러였을 뿐이라는 주장은 칸트가 들었으면 통곡할 만한 잘못된 해석이었다. 칸트가 말한바 그 최고의 명령을 내리는 자는 인간 개개인의 내부에 있는 도덕적 자아다. 바꿔 말해 한 점 부끄러움이 없는 양심의 목소리에 귀 기울여 그것을 실천하는 삶을 살아야 한다는 것이다.

세월호 참사 처리 과정에서 보인 이곳 관료들의 행태는 '악의 평범성'에 정확히 들어맞는다. 아이히만처럼 그들은 어떤 생각도 양심도 없이 대통령의 명령만을 충실하게 따랐다. 그 결과로 우리는 수백 명 아이들의 목숨을 앗아간 기막힌 현실을 목격했다. 그 희생이 증언해 보인 이 땅의 무수한 '평범한 악'들의 죄상을 끝까지 묻는 게 우리가 할 일이다. 그렇지 않으면 이 땅에 미래는 없다.

키워드 현대 전쟁 나치 홀로코스트 양심 책무

33 립스태트 vs 어빙 Ⅰ

— 홀로코스트 논쟁

데버러 립스태트는 나치의 유대인 학살과 그 이후를 집중적으로 파고든 미국의 역사가다. 아이히만 전범 재판 50주년을 맞아 그는 엄밀하게 학자의 관점에서 그 재판과 관련된 자료와 논쟁을 정리한 책을 집필하여 명성을 쌓기 시작했다. 또한《홀로코스트 부정하기》라는 책을 통해 인종 청소와 대량 학살과 같은 것이 애초에 일어나지 않았다고 주장하는 사람들이 얼마나 진실과 기억을 모독하고 있는지 밝혀냈다.

이 책이 나온 뒤 나치와 인종주의에 경도된 영국의 저술가 데이비드 어빙이 립스태트와 그의 책을 출판했던 펭귄 출판사에 소송을 걸었다. 자신을 '홀로코스트 부정자'이자 '극단의 우익'이라고 불러 명예를 훼손했다는 것이다. 어빙은 아우슈비츠마저도 관광객을 끌어모으기 위한 술책일 뿐이라고 주장하며 홀로코스트의 실체를 부정해왔다.

재판 과정에서 어빙이 자료를 조작한 사실이 밝혀졌다. 평결은 어빙이 홀로코스트 부정자, 역사 왜곡자, 인종주의자에다가 반유대주의자라는 것이었다. 런던의 《타임스》는 이 판결에 대해 "역사가 법정에서 제날을 맞아 완벽한 승리를 거뒀다"라고 묘사했고, 《뉴욕 타임스》는 "어빙이 히틀러 추종자가 아닌 체하는 가식에 끝장을 냈다"라는 기사를 내보냈다. 사법부에서는 어빙의 항소조차 받아들이지 않았다.

어빙은 곤욕을 치렀다. 나치의 잔혹상을 축소해 말하는 자들에게 10년형까지 선고할 수 있는 오스트리아에서 그를 기소했고, 독일에서는 입국 금지령을 내렸다. 캐나다와 이탈리아도 뒤따랐다. 그러나 사상의 자유를 옹호하던 립스태트는 오스트리아 정부에서 내린 3년형에 반대한다고 언명했다. 립스태트는 홀로코스트를 정치적 목적으로 이용하는 미국과 이스라엘의 정치가들도 비난했다. 이들이 유대인의 문화까지도 반유대주의라는 틀 속에서 보도록 만들기 때문에 마찬가지로 역사를 왜곡한다는 것이다.

역사가는 중립적이고 편파적이지 않은 학문 수행의 결과로 말해야 한다.

키워드　현대　역사가　역사관　전쟁　나치　홀로코스트

34 립스태트 vs 어빙 II

― 홀로코스트 논쟁, 그 이후

데버러 립스태트와 데이비드 어빙의 홀로코스트 소송 이후의 사태도 흥미로울뿐더러 우리에게 많은 시사점을 던져준다. 원고 어빙이 피고 립스태트와 펭귄 출판사를 고소한 이 명예훼손 소송은 영국 법정에서 열렸다. 이런 경우 원고 쪽이 피고 쪽의 잘못을 지적하는 것이 상례이나, 피고 쪽은 어빙에 대한 비판이 실체적인 진실이며 따라서 중상 비방이 아님을 명쾌하게 논증했다. 저명한 케임브리지 대학교의 역사가 리처드 에번스를 포함한 각국의 전문가 집단이 증언을 해준 것도 도움이 되었다.

그러나 결정타는 사법부가 날렸다. 이 사건을 주재한 찰스 그레이 판사는 관련 자료를 면밀하게 검토한 뒤 334쪽에 달하는 판결문을 작성해, 어빙이 제2차 세계대전에 대한 자료를 체계적으로 조작했음을 보여주었다.

데이비드 어빙은 명예훼손 소송을 걸었다가 오히려 홀로코스트 부정자이자 역사 왜곡자, 인종주의자에다가 반유대주의자라는 평결을 받아 역사가로서 명예에 큰 손상을 입었다. 홀로코스트 부정 혐의로 이미 체포 영장을 발부한 바 있던 오스트리아 정부에서는 그를 체포하여 재판에 회부했다. 법정에 선 어빙은 홀로코스트가 있었다고 자신의 견해를 번복하며 후회한다고 말했다. 그러나 복역 후 영국으로 돌아가서는 후회가 없다고 다시 번복했다. 뉴질랜드의 언론인 모임에서 그를 연사로 초청했으나 정부가 입국을 금지했다. 그 모임에서는 그의 이야기를 들으려던 게 아니라 청문회를 하려고 불렀다고 해명했다.

　반면, 데버러 립스태트는 역사가로서 입지를 굳혔다. 교학사 한국사 교과서의 저자를 불러 역사 특강을 청한 우리 집권당의 국회의원들과 달리, 미국 의회에서는 립스태트를 초청해 홀로코스트 부정자들에 대한 강의를 들었다. 백악관의 자문위원이 되기도 한 그는 《재판받은 역사: 홀로코스트 부정자와 법정에서 지낸 날들》이라는 베스트셀러를 집필하기도 했다. 그 책은 지금 영화로도 만들어지고 있다.●

키워드　현대　역사가　역사관　전쟁　나치　홀로코스트

───────────

● 이 영화의 감독은 마크 잭슨이며, 힐러리 스웡크가 립스태트를 연기한다.

35

카살스와 로스트로포비치

— 두 거장에게 바치는 헌사

1961년 11월 13일, 백악관 동관에 멘델스존의 피아노 삼중주 선율이 흘렀다. 그렇게 시작한 연주회는 '새들의 노래'로 끝을 맺었다. 첼로를 맡았던 파블로 카살스와 그의 고향에 대한 경의의 표현으로 카탈루냐의 민요를 개작한 이 노래를 연주했으리라. 열세 살에 발견한 바흐의 무반주 첼로 모음곡의 악보를 연습해 스물다섯 살에 연주하고 예순 살에 이르러서야 녹음했던 이 첼리스트는, 가난한 사람들도 음악의 향기에 도취할 권리가 있다는 생각을 실천에 옮겼던 맑고 따뜻한 영혼의 소유자였다.

프랑코의 집권에 맞서 공화주의자들의 정부를 열렬히 옹호했던 카살스는 그들이 패배하자 민주주의가 회복될 때까지 돌아가지 않겠다고 선언하며 조국 에스파냐를 떠났다. 더 나아가 프랑코 정부를 인정하는 국가에서는 공연을 하지 않았다. 유일한 예외였던 백악관 공연은 인권을 수호한다고 믿었던 케네디 대통령에게 프랑코에 대한 자신의 견해를 피력할 기회라고 생각해 이루어진 일이었다.

므스티슬라프 로스트로포비치는 열 살 때 아버지로부터 첼로를 배웠다. 아버지가 카살스의 가르침을 받았으니, 그도 간접적인 제자라 할 수 있을까. 인권을 옹호하기 위한 그의 행동도 연주만큼이나 심금을 울린다. 그는 국경이 없는 예술을 위해, 언론의 자유를 위해, 민주주의의 가치를 위해 싸웠다. 스승 쇼스타코비치가 교수직을 박탈당하자 항의의 표시로 음악학교에서 자퇴했고, 박해받던 솔제니친을 숨겨주었으며, 그 결과 스스로도 소련 정부로부터 요주의 인물로 지목되었다.

이 두 거장은 음악으로 얻은 명성을 개인의 영달이 아니라 정부의 부당한 처사에 항의하는 데 사용했다. 그뿐 아니라 음악의 혜택이 미치기 어려운 사람들에게 그 기회를 제공하려는 행동에 적극적으로 나섰다. 카탈루냐의 새들은 '피스, 피스' 하고 평화를 염원하며 운다고 했던 카살스는 스스로를 음악가이기 이전에 인간이라고 말했다. 그 말은 로스트로포비치에게도 그대로 적용된다.

키워드 현대 음악 저항 인권 자유 평화

36 외젠 이오네스코

루마니아 태생이지만 주로 프랑스에서 활동했던 외젠 이오네스코는 부조리극을 대표하는 극작가다. 부조리극은 인간의 실존에는 어떤 의미나 목적도 없고, 따라서 의사소통을 하려는 시도는 무위로 끝날 뿐이라는 믿음을 바탕에 깔고 있다. 결국 그런 극에서는 비합리적이고 비논리적인 상황이 설정된다.

프랑스 남부에서 보낸 어린 시절의 경험은 이오네스코가 그런 성향을 갖도록 만들었다. 강렬하게 푸른 하늘 아래로 햇빛이 작열하는, 회벽 칠을 한 시골 마을을 걸으면서 그는 공중에 떠다니는 듯한 행복감을 맛봤다. 반면, 현실 세계는 쇠퇴와 타락과 무의미가 반복되는 일상에 불과했다. 눈앞에 보이는 세계에 대한 혐오감, 의사소통에 대한 불신, 더 좋은 세상은 우리가 도달할 수 있는 곳 너머에 있다는 좌절감 등 어렸을 적에 형성된 인식이 그의 후기작에도 고스란히 반영되어 있다.

〈코뿔소〉라는 희곡이 있다. 일반적으로는 1927년 루마니아에서 결성된 극우파 철위단을 풍자하는 작품이라고 알려져 있지만, 경직된 이념에 세뇌되고 동화당하는 민중의 실체에 대한 보편적인 캐리커처라고 봐도 무방하리라.

마을 광장에 코뿔소가 나타나 사람들이 놀란다. 그런데 주인공 베랑제 주변의 인물들이 점차 코뿔소로 바뀐다. 코뿔소를 봤다는 사람들의 말에 프랑스에서 코뿔소가 나타나는 것은 어불성설이라고 주장하던 보타르도, 지적이고 언변이 유창한 장도 코뿔소가 된다. 장은 코뿔소로 바뀌며 코뿔소도 생명권이 있다고 주장한다. "인간주의는 죽었다. 낡은 감상주의자들만 그 주장을 한다." 베랑제와 연인 데이지만이 마지막까지 인간으로 남아 있다. 인류를 번식시키는 일을 하자는 제의에 데이지는 베랑제가 사랑을 이해하지 못한다며 코뿔소가 옳다고 말한다. 데이지마저 코뿔소에 합류한 뒤 베랑제는 홀로 남는다.

극 중의 부조리를 넘어서는 부조리가 현실인 세상에 살고 있다. 정부건 기업이건 논리도 없는 우두머리의 우격다짐을 부하 코뿔소들이 떠받드는 형국이다.

키워드 현대 문학 작가 우종 부조리

37 자크 데리다와 미셸 푸코

— 오도된 포스트모더니즘

우리나라에 포스트모더니즘은 유행처럼 왔다가 덧없이 스러졌다. 그것이 표방하는 해체론 철학의 참된 취지는 정착하지 못했다. 아니, 그 정도가 아니라 체제를 옹립하고 자본을 수호하는 용도로 변형되어 많은 이의 정신을 좀먹고 있다.

단순히 말해 자크 데리다의 해체론은 형이상학의 해체를 요구한다. 형이상학은 모든 것을 이분법으로 나누어 한편에 진리·선·아름다움을 놓고, 다른 편에 그에 대립되는 허위·악·추함을 둔다. 이런 이항대립 구조에서 불평등한 억압과 차별이 발생한다고 본 데리다는 '해체'라는 새 인식의 지평을 열었다. 다양성과 차이를 인식하자는 이 운동은 역사학에서 유럽, 백인, 남성 중심의 역사 서술이 극복되는 모습으로 나타났다. 비주류와 소수의 소리 없는 아우성도 들리게 된 것이다. 그런데 이 땅에선 새삼 이상한 차별이 보인다. 역사의식이 없는, 옳지도 아름답지도 않은 궤변들이 기존 권력의 타락한 목적에 부응하여 참된 논리를 나무란다.

포스트모더니즘의 또 다른 기수 미셸 푸코는 인간 도처에 권력이 스며들어 있다고 논파했다. 국가권력만이 권력이 아니라 학교, 병원, 가정 같은 곳에도 권력관계가 작동하고 있다는 것이다. 모든 곳에 정치가 침투해 있을 수밖에 없다. 그렇다면 푸코의 논지는 무엇일까? 모든 것이 정치적이니 어쩔 수 없이 받아들이라는 뜻일까? 아니다. 공권력이나 재벌이나 족벌 언론이 갖는 거대 권력의 폭력성을 직시하고 그 틀을 해체해야 한다는 것이다. 더 나아가 우리 내면에 존재할 수도 있는 차별과 억압의 기제에 결코 경계를 늦추지 말라는 것이다.

교학사 한국사 교과서와 '좌편향' 역사 교과서에 모두 '정치적' 관점이 스며들어 있기에 마찬가지라는 논리가 펼쳐지고 있다. 오도된 포스트모더니즘의 단적인 예를 보는 것 같아 씁쓸하다. 해체론의 참뜻을 모른다면 그 논리를 펼치지 말아야 할 것이며, 혹시 알고 있다면 왜곡하지 말아야 할 일이다.

키워드 현대 철학 정치 권력 역사관

38 샤프빌 사람들

― 흑인 독립운동의 상징

남아프리카공화국에서 인종차별정책을 강제하기 위해 만든 장치 가운데 '통행법'이 있었다. 식민지 건설 초기부터 시행되어 점차 정교하게 세칙이 강화된 이 법에 따르면, 흑인은 물론 유색인종은 그들에게 지정된 구역을 벗어날 때 항상 '통행증'을 가지고 다녀야 한다. 일종의 국내 여권인 이 신분증에는 사진과 지문을 포함한 신상 명세가 상세히 기록되어 있으며, 모든 백인이 어떤 흑인에게든 통행증 제시를 요구할 수 있다. 이를 거부할 때는 체포로 이어진다.

법에 따라 다스린다고 하여 '법치'라고 말할 수 있을까? 1960년 샤프빌의 경찰서 앞에 수천 명의 흑인이 모였다. 통행증을 지니고 있지 않으니 체포해가라는 시위였다. 군중이 늘어나면서 평화롭고 축제 같던 분위기가 점차 격앙되어갔다. 마침내 기관총까지 동원한 경찰의 총격이 시작되었다. 전투기까지 저공비행하며 군중을 해산시켰다. 기껏해야 돌멩이를 들었을 뿐인 시위 참가자 중 69명이 사망했는데, 그들 대다수는 등에 총을 맞았.

국제적인 비난을 받은 이 사건 이후에도 남아프리카연방 정부는 영연방에서 탈퇴하면서까지 인종차별정책을 멈추지 않았다. 물론 냉전 체제에서 이 지역을 자신의 진영에 포함하려던 미국을 비롯해, 이곳 자원에 탐을 내던 서구 강대국의 막후 지원이 있었기에 가능한 일이었다. 그렇지만 정부에 저항하던 흑인 단체에서는 지금까지의 소극적인 저항에서 벗어나 무장투쟁으로 노선을 바꾸었다. 그들의 노력에 힘입어, 그리고 국제사회의 압력에 못 이겨 결국 '통행법'은 1986년에 폐지되었다.

이후 샤프빌은 흑인 독립운동의 상징이 되었다. 1966년에 유네스코에서 학살이 있었던 3월 21일을 '세계 인종차별 철폐의 날'로 지정했고, 1994년부터는 남아프리카공화국에서도 '인권일'로 기념한다. 1996년 12월 10일, 넬슨 만델라 대통령은 새로 만든 감회 어린 남아프리카공화국의 헌법을 비준했다. 샤프빌이 서명 장소였다.

키워드 현대 인종차별 저항 인권 정의

39
존과 앨리스 해리스

— **사진의 힘**

굿이어는 명성 높은 타이어 브랜드인데, 그 명칭은 유황으로 고무를 처리하여 고온에서도 녹지 않는 방법을 개발한 찰스 굿이어에서 유래한다. 그는 사업에 실패하여 빚만 남긴 채 사망했지만, 그가 발명한 가황법은 고무의 용도를 무제한으로 확장해 많은 사람에게 일확천금의 기회를 줬다. 미국의 한 기업이 그의 이름을 기려 회사를 설립함으로써 굿이어는 타이어의 대명사가 되었다.

그러나 고무 수요의 급증은 아프리카 주민들에게 가혹한 시련을 안겼다. 유럽 열강은 제멋대로 아프리카를 분할했다. 벨기에가 이 대열에 합류했을 때, 유럽 강대국은 베를린에 모여 레오폴드 2세에게 콩고 강 유역의 지배권을 승인해주었다. 레오폴드는 이곳에 콩고 '자유국'을 건설하여 다스렸으나, 실상 '자유'는 허울뿐인 채 개인 식민지로 전락했고, 국민은 노예와 다름없이 착취당했다. 처음에는 상아 남획을 위해, 나중에는 열대

우림에서 나는 고무 채취를 위해 그들은 철저히 이용되었다. 성인 남성은 매주 3~4킬로그램의 고무 수액을 채취해야 했다. 할당량을 채우지 못하면 채찍질이 가해졌다. 더한 경우에는 여자와 아이들을 인질로 잡아가기도 했다.

콩고에 머물던 영국인 선교사 존 해리스와 사진가인 아내 앨리스는 끔찍한 사실을 알게 되었다. 한밤중에 한 주민이 하소연을 하기 위해 찾아왔는데 그의 손에는 잘린 어린아이의 손과 발이 들려 있었다. 할당량을 채우지 못했다고 레오폴드의 군대가 형벌을 가한 것이다. 부부는 이 일을 세상에 알려야 한다고 결심했고, 앨리스가 카메라를 들었다. 이것이 벨기에가 콩고에서 저지른 만행이 세상에 알려진 계기였다.

이후 콩고 전역을 돌아다니며 남편은 글로, 아내는 사진으로 제국주의의 만행을 기록했다. 그들은 영국으로 돌아가 설교와 사진으로 콩고의 참상을 증언했다. 마땅히 대중의 분노가 들끓었고, 레오폴드는 왕좌에서 쫓겨나 콩고 지배권을 벨기에 정부에 넘겼다. 그 뒤로도 아프리카의 독립은 까마득한 일이었다.

키워드 현대 식민지 독재 노동

마틴 루서 킹

— 일찍 늙은 심장

미국의 인종차별 문제가 해결되어 버락 오바마가 대통령이 되었다고 믿는 사람은 없을 게다. 그의 취임 이후에도 흑인과 백인 간에 경제적·사회적·문화적 격차는 크다. 그러나 흑인과 백인을 분리하여 가르치되 동등한 시설만 제공하면 헌법이 보장하는 법 앞의 평등에 위배되지 않는다는 대법원 판결을 시행하던 60년 전에 비하면 흑인 인권의 문제는 현저하게 개선되었다.

그에 크게 기여한 인물로 마틴 루서 킹 목사를 꼽는 데 주저할 사람은 없을 것이다. 그의 이름이 알려진 계기는 몽고메리 시에서 시작된 버스 승차 거부 운동이었다. 로자 파크스라는 흑인 여성이 버스에서 백인 남성에게 자리를 양보하지 않아 체포되었다. 킹은 385일 동안 지속된 거부 운동을 주도했다. 연행되거나 자택이 폭탄 세례를 맞는 수난을 겪었으나 그의 비폭력 저항은 승리를 거뒀다. 몽고메리 시의 공용 버스에서 흑백 분리가 폐지된 것이다.

이후 흑인 인권 문제의 현장에는 항상 그가 있었다. 버밍햄시의 차별적 경제정책에 대한 항의 집회에서는 시위자들에게 체포되라고 독려했다. 그들로 감방이 넘쳐나 행정을 마비시키려는 전술이었다. 흑인에게 직업과 자유를 보장하라는 1963년의 시위에서는 "내겐 꿈이 있습니다"라는 명연설로 민주주의의 가치를 상기시켰다. 그의 관심은 베트남전쟁에 대한 반대와 빈곤 퇴치 문제로 이어졌다. 그의 행동에는 법보다 앞서는 '양심의 정의'에 대한 신념이 깔려 있다. "양심에 거리끼는 법을 어기고 그것의 부당함을 공동체에 일깨우려 기꺼이 감옥에 가는 사람은 사실상 법에 최고의 경의를 표하는 것"이다.

암살당한 그의 몸을 부검해보니 서른아홉 살의 심장이 예순 살 노인의 것과 같았다. 그의 불굴의 행동은 그런 내적 고통의 결과였다. 잘못을 저지르고도 법에 어긋나지 않는다는 말만을 반복하는 이 땅의 지도층(?)이 그런 고통을 이해할까? 아마도 이런 내적 고통을 모르는 그들의 심장은 아주 건강한 젊은이의 심장과 같을 것이다.

키워드 현대 지도자 인종차별 인권 저항

41 파스칼 블랑샤르

— **프랑스의 식민지 근대화론**

2005년 프랑스에서는 법 제정 하나를 두고 정치적·사회적 논란이 뜨거웠다. 집권 우파가 발의한 이 법안은 자국이 식민지 아프리카에서 수행한 긍정적 역할을 교과서에 실어 역사교육에 반영하려는 것이었다. 식민 지배를 통한 착취, 파괴, 오염에 대한 반성을 '자학사관'으로 치부하는 이른바 식민지 근대화론에서 나온 것이었다. 그 법이 공포된 직후 역사가인 파스칼 블랑샤르는 프랑스는 물론 일본의 식민 지배에 대한 잘못된 역사교육까지 함께 묶어 맹비난했다. 그것은 역사학계의 연구를 무시한 파렴치한 정치적 조작이라는 판단 때문이었다.

이 사례는 이명박 정권이 교육과정을 개정하면서 이승만-박정희 정권의 역사적 공헌을 부각하려고 긍정적 서술을 유도한 것과 비슷하다. 교학사의 한국사 교과서는 이런 배경의 산물로, 특히 문제가 된 일제강점기에 대한 서술이 이런 논리와 연결된다. 일제가 우리를 근대화했고 이승만-박정희 정권이 그것을 이어받아 성장을 이룩했으니 그들의 역사적 공헌을 부각해야 한다거나, 이를 찬양하지 않고 과오에 대해 서술하는 것은 자학 사관을 심어준다는 식의 반역사적 해석이 일치하는 게 놀랍다. 식민 지배를 받았던 우리의 경우가 더 황당하지만.

프랑스 역사학계는 그 법이 제정되자마자 즉각 폐지를 주장했다. 그들은 '역사의 공적 활용을 위한 감시위원회'를 조직하고, 그 법이 역사적 현상에 대한 전문 학자들의 비판적 분석 대신 특정한 가치판단을 강요하는 것이라고 비판했다. 역사학이나 역사교육이 특정 집단의 목적을 실현하기 위해 도구화되는 것에 대한 강력한 항의였다. 결국 그 법은 2006년 1월 31일에 공식적으로 폐지되었다. 당시 우파 대통령이었던 자크 시라크는 "역사를 서술하는 것은 법이 아니라 역사가의 몫"이라고 역사의 성찰적 역할에 대한 이해를 피력했다. 바로 지금 여기, 대한민국 대통령의 입에서 나와야 할 한마디다.

키워드 현대 식민지 역사가 역사관 교육 왜곡

42 한스와 조피 숄

─ 나치에 대항한 백장미

인류 역사에서 가장 두려움을 준 정권은 히틀러의 나치였다. 그들은 대중매체, 군대, 경찰, 사법제도, 통신, 여행, 교육제도, 종교를 장악하여 국민을 세뇌하려 했다. 그 엄격한 통제 속에 최악의 독재가 가능했고, 그에 대한 저항은 목숨을 담보로 해야 했다.

그럼에도 정권의 행태에 분노하며 결사 저항에 나선 사람들이 있었다. 한스 숄, 조피 숄 남매를 비롯한 뮌헨 대학교의 학생과 교수들이었다. 이들은 '백장미'라는 공동 필명으로 나치의 만행을 폭로하며, 인간다운 자유를 위한 행동을 촉구하는 전단을 만들어 독일 국민에게 뿌렸다. 본질적으로 비폭력적인 평화 지향의 운동이었다.

여섯 번째 전단을 뿌리다가 게슈타포에 체포된 이들은 동료들을 보호하려는 눈물겨운 시도 속에 대다수가 자신이 단독범이라고 주장했다. 조피는 이렇게 말했다. "누구든 시작해야 할 일이었다. 우리의 말과 행동은 많은 사람이 생각하고 말하려던 것을 대신 한 것에 불과하다. 다른 이들은 다만 우리처럼 행동하지 못했을 뿐이다." 나흘 만에 재판을 받은 즉시 숄 남매와 그들의 동지 4명이 단두대에 목이 잘렸다. 그들의 은사 쿠르트 후버 교수도 같은 운명이었는데, 부인에게는 사형 기구인 기요틴 사용료 명목으로 남편의 두 달 치 봉급에 해당하는 청구서가 발부되었다. 그러나 최후의 승자는 백장미단이었다. 그들의 희생은 침묵으로 나치에 동조하던 독일인들의 가슴을 두드리며 괴물 정부에 맞서는 행동에 불을 붙였다.

세월호 희생자들 부모와 친지의 항의마저 제한하고 통제하며, 끝없이 이어지는 추모의 행렬마저 탄압하려는 이 정권의 행태는 점차 나치를 닮아간다. 그것도 나치 정권 말기에 패배를 예감하며 극단을 향하던 모습을 답습한다. "그들의 악행에 당신들의 영혼이 분쇄되어 이 정권을 제거하는 것이 당신들의 권리라는 것을, 아니 당신들의 도덕적 의무라는 것을 잊었습니까?" 백장미단 세 번째 전단의 물음에 이렇게 답하고 싶다. "아니오, 결코 아니오!"

키워드 근대 전쟁 나치 탄압 저항 양심

43 프란츠 파농

― 제 땅에서 유배된 사람들

나치에 협력한 비시 정권의 프랑스 해군 병사들이 카리브 해의 마르티니크 섬에 남게 되었다. 인종주의자의 본색을 드러낸 그들은 온갖 패륜과 악행을 저질렀다. 이에 분개한 열여덟 살 흑인 소년이 섬을 탈출해 프랑스의 독립을 찾으려는 자유군에 가입했다. 이렇게 프란츠 파농은 연합군과 함께 아프리카와 유럽의 전투에서 공을 세웠고, 부상을 당한 뒤 훈장을 받았다. 나치가 패배하고 연합군이 라인 강을 건너 독일에 진주했다. 기자들이 사진을 찍으려 했다. 부대에서는 유색인 병사들을 제외했다. 파농과 서인도제도 출신 동료들은 사진기자들의 관심 밖인 프랑스 남부로 이송된 뒤 귀향 조치를 받았다.

《검은 피부, 하얀 가면》은 이런 경험에 바탕을 둔 책이다. 식민지 흑인의 자아는 분열되었다. 태생의 흑인 정체성은 백인 세계의 미세한 접촉만으로도 흔들린다. 어릴 적부터 검은색은 나쁘다고 연상하도록 지속적이고 무의식적으로 훈련을 받은 결과다. 그 열등감 때문에 흑인은 백인의 문화적 규약을 모방한다. 교육받은 흑인일수록 그런 경향은 더욱 강해진다. 어느 단계에 이르면 그들은 자신의 동족이 그들을 더 이상 이해하지 못한다고 느낀다. 백인의 출현 이후 흑인의 끊임없는 자기부정은 바로 백인의 끊임없는 타자화에 유래한다. 흑인은 '백인과의 관계에서만' 흑인이 되고, 그들은 제 땅에서 유배된 사람이 된다.

파농의 또 다른 저서《저주받은 자들》에서는 독립을 위한 흑인의 저항이 폭력에 의존할 수밖에 없다고 논한다. 침입한 백인의 힘은 군사적인 힘이고, 그들이 말하는 언어 또한 폭력의 언어이기에, 그에 대한 저항도 폭력적일 수밖에 없다. 그 폭력은 백인 지배자들이 부과한 것이다. 모든 폭력의 옹호자라는 널리 퍼진 견해와 달리 파농은 힘을 가진 자들이 사용하는 폭력에 대한 대응 폭력을 수용했을 뿐이다.

2012년 대선 이후 제 땅에서 유배된 심정의 사람들이 많다. 누구도 폭력의 필요성을 느끼지 않을 세상이 되기를 바란다.

키워드 근대 나치 전쟁 인종차별 불평등 저항

존 스타인벡

— **분노의 포도**

〈요한계시록〉 14장에는 심판의 날에 이르러 세상의 악인들을 신의 분노의 포도주 틀에 넣고 처단하는 모습을 암시하는 구절이 있다. 미국의 대공황 시기에 정든 고향 오클라호마를 떠나 약속의 땅 캘리포니아로 이주하는 농가의 여정을 그린 소설에서 존 스타인벡은, "배고픈 사람들의 영혼 속에는 분노의 포도가 가득했고, 가지가 휠 정도로 열매를 맺는다"라는 표현으로 굶주린 사람들에 아랑곳하지 않고 농산품의 가격을 올리기 위해 작물을 버리는 자본가들을 비난했다. '분노의 포도'는 소설의 제목이 되었고, 그 책은 20세기 미국 문학에서 가장 철저하게 연구된 작품이 되었다.

이 소설은 서부영화의 거장 존 포드 감독의 영화로 더욱 유명해졌는데, 그것은 그가 만든 어떤 영화보다도 서부의 현실을 정확하게 그렸다는 평을 받는다. 소설도 영화도 삶의 터전에서 쫓기고, 캘리포니아에서도 착취당하는 가난한 사람들의 애환을 적나라하게 드러낸다. 그럼에도 가정이란 무엇보다 소중하게 지켜야 할 울타리이며, 노동자의 곤경은 스스로의 연대를 통해 극복해야 한다는 취지가 오늘날의 우리에게도 큰 울림을 준다.

스타인벡은 말한다. "'나'로부터 '우리'로. 그것이 출발점이다. 사람들이 가져야 하는 것들을 소유하고 있는 당신이 이것을 이해한다면 당신은 스스로를 보존할 수 있다. 그러나 당신은 그것을 알 수 없다. 왜냐하면 소유라는 것이 당신을 언제나 '나'로 동결하여, 영원히 '우리'로부터 떼어놓기 때문이다." 부유한 자들은 즉각 반격했다. 캘리포니아 농장주 집단은 스타인벡이 농부의 참상을 과장한 거짓말쟁이라고 몰아쳤고, '공산주의자'라는 친숙한 명칭으로 매도했다. 스타인벡이 소설을 출간하기 훨씬 전부터 농장을 취재하여 비인격적인 환경이 농부의 영혼을 파괴하는 것을 직접 목격했다는 사실은 문제가 되지 않았다.

성장을 앞세우며 자본의 폭압을 조장하는 현실에서 다시금 노동자의 기본권을 생각한다.

키워드 근대 문학 작가 민중 노동 권리 연대 저항

45 제시 오언스와 루츠 롱

— 올림픽 1936

1936년 베를린 올림픽은 정치에 의해 스포츠가 대규모로 오염된 출발점이었다. 이전 올림픽보다 돋보이려고 나치는 10만 명을 수용하는 본 경기장은 물론이고 많은 체육관과 보조 경기장을 건설하는 호기를 부렸다. 아리안족의 우수성을 과시하기 위함이었다. 또한 유대인의 독일 대표 출전을 봉쇄했고, 베를린을 '청소'하기 위해 집시들을 체포해 특별수용소에 격리했다. 그에 더해 독일 올림픽위원회는 〈올림피아〉라는 홍보용 기록영화를 만들었다. 히틀러가 총애하던 레니 리펜슈탈에게 거액을 주고 위촉한 영상이었다.

이런 배경을 딛고 미국 흑인 육상선수 제시 오언스가 네 개의 금메달을 따며 영웅이 되었다. 그가 딴 멀리뛰기 금메달에는 비화가 담겨 있다. 예선에서 두 번 실격당한 그는 마지막 3차 시기를 남겨놓고 있었다. 예선 통과 기록인 7.15미터는 평소 실력으로 쉽게 뛰어넘을 거리였지만 낙담하고 긴장한 오언스가 또다시 실격하지 않으리라는 보장은 없었다. 그에게 한 독일 선수가 다가가 뭔가 메시지를 전했다. 잠시 뒤 오언스는 예선을 통과했다.

그 독일 선수는 법학도 출신 루츠 롱이었다. 오언스의 가장 강력한 경쟁자였던 롱은 기준 기록만 통과하면 되니 출발점보다 10센티미터쯤 뒤에서 도약하는 게 바람직하다고 대범하게 조언했고, 오언스가 담백하게 귀담아들었던 것이다. 결선 결과 금메달은 오언스, 은메달은 롱에게 돌아갔다. 롱이 가장 먼저 오언스에게 축하의 말을 건넸다. 그 둘은 순위와 상관없이 함께 결과를 만끽했다. 오언스는 "히틀러 앞에서 내게 친근하게 대한 그에겐 큰 용기가 필요했을 것"이라고 회고했다. 제2차 세계대전에서 전사한 롱의 스포츠맨 정신을 기려 쿠베르탱 메달이 추서되었다.

이제 올림픽은 상업주의에 물들었다. 금메달이 명성과 부를 담보하는 세상에선 승리를 위해 비열한 일도 마다하지 않는 상황이 빈번하다. 이런 미담마저 올림픽 정신의 '숭고'함을 홍보하는 데 이용할까봐 두렵다.

키워드 근대 올림픽 나치

46 크리스털 이스트먼

— 여성의 적은 여성?

20세기 초 미국에는 노동법 전문가, 언론인, 평화운동가, 여성 참정권 운동가로 치열한 삶을 산 사람이 있었다. 그는 한때 "미국에서 가장 위험한 여인"이라는 말을 듣기도 했다. 지인의 회고에 따르면, 소규모 모임에서건 구름처럼 몰려든 청중 앞에서건 그가 말을 하면 사람들의 심장이 뛰었다. "자유로운 여성의 상징"이었던 그가 바로 크리스털 이스트먼이다.

뉴욕 주의 의뢰를 받아 작성한 이스트먼의 보고서《노동 사고와 법》은, 유럽에 비해 산업 현장의 안전 규정이 느슨하던 당시 미국 재해 노동자의 보상에 관해 고전의 위치를 차지했다. 저명한 사회주의자였던 동생 맥스 이스트먼과 정치와 예술에 관한 잡지인《해방자》를 창간해 편집자로도 활약했다. 제1차 세계대전 당시에는 여성평화당을 창당해 뉴욕 지부를 맡았다. 그것은 현존하는 가장 오래된 여성 평화 조직인 '평화와 자유를 위한 여성 국제연맹'의 전신이다. 그는 미국이 유럽과 전쟁을 벌이는 것은 물론이고 멕시코와의 전쟁에도 반대했다. 또 무기상이 전쟁에서 부당 이익을 챙기는 것을 막으려 했고, 징병제에도 반대했다.

그렇지만 그는 여성 참정권 획득에 가장 큰 관심을 기울였다. 여성 투표권을 확보한 수정 헌법 제19조에도 기여했던 그는 참정권을 더욱 현실적으로 확보하기 위해 '평등권 수정 헌법'을 기안했다. 이스트먼이 세상을 떠난 지 40여 년이 지난 1972년, 그 법은 상원과 하원을 모두 통과해 효력을 발하게 되었다. 그러나 그는 뒤늦게 나타날 적을 알 길이 없었다. 보수주의자 필리스 슐래플리는 여성이 평등권을 획득하면 전업주부로서 누리는 혜택이 사라진다는 논리를 펼쳤고, 여러 주에서 수정 헌법의 승인을 취소함으로써 결국 채택이 철회되었다. 스스로도 전업주부이면서 활발한 활동을 벌이는 슐래플리의 모순을 보면 보수주의자들의 행태는 어디서건 비슷함을 알 수 있다.

활발했던 활동과 당대의 평가에 비해 거의 50년 동안 이스트먼에 대한 역사적 연구가 전혀 없었던 것은 바로 역사의 아이러니다.

키워드 근대 여성 노동 차별 권리 평화

47 독일의 물리학자들

― 독일 민족주의 물리학의 패배

제1차 세계대전 당시 독일군이 벨기에의 한 대학교 도서관에 불을 지르자, 학문에 가한 이 야만에 대해 영국의 저명한 과학자 8명이 항의문을 작성했다. 곧 독일 물리학자들이 독일의 의도를 오해했다며 '항소'성 반대 의견을 표했다. 이 대립은 독일에서 통용되던 영어 사용 관행을 거부하는 움직임으로 이어졌다. 예컨대 독일에서 발견했지만 영어로 명명된 'X광선'에 '뢴트겐 광선'이라는 독일 이름을 붙이는 식의 저항이었다.

과학자들이 벌인 이런 '지성의 전쟁'은 별로 심각한 것이 아니었다. 그러나 나치가 세력을 확대하며 우경화가 심해지자 독일 물리학계는 점차 흉측한 태도를 드러냈다. 그들은 아인슈타인의 상대성이론을 '유대인 물리학'이라고 배격했다. 대표적인 독일의 물리학 교과서에서조차 아인슈타인의 이름을 거명하지 않았다. 나치 집권 후 사태는 더욱 나빠졌다. 노벨 물리학상을 수상했던 필리프 레나르트와 요하네스 슈타르크가 '아리안 물리학'이라는 구호를 내세우며 선봉에 서서 유대인 물리학자들을 대학에서 제거했다. 나치 이데올로기를 이용해 독일 물리학계를 지배하려는 권력욕이 작용한 것이다.

그러나 과도한 욕심은 눈을 멀게 한다. 그들은 학문적으로 아인슈타인과 같은 선상에 있던 하이젠베르크 같은 이론물리학자까지 '정신적 유대인'이라고 깎아내렸다. 그러나 물리학계는 아인슈타인과 하이젠베르크의 탁월함을 인정하지 않을 수 없었다. 나치조차 전쟁에서 '유대인 물리학'의 용도를 간파했다. 결국 레나르트와 슈타르크는 오명을 남기고 사라졌다. 미국 사학자 앨런 바이어천의 평가를 빌리면 "아리안 물리학은 전투에서 이겼으나 전쟁에서 패한" 것이다.

이 사례는 교학사 한국사 교과서의 집필과 선정에 관련된 자들의 말로를 보여준다. 그들에게 보내는 하이젠베르크의 전언. "전문가란 자신의 행동에서 나타날 수 있는 최악의 실수가 무엇인지를 알고, 그것을 피해갈 방법도 아는 사람이다."

키워드 근대 전쟁 나치 지식인 권력 탐욕

카를 만하임

— 이데올로기와 유토피아

카를 만하임은 헝가리에서 태어나 독일에서 활동하다가 영국으로 이주해 생을 마감한 사회학자다. 노베르트 엘리아스와 에르빈 파노프스키에게 영향을 미치며 독일에서 왕성하게 학문 활동을 하던 그는 1933년 나치의 위협을 피해 영국으로 이민하여 런던경제대학에서 사회학을 가르쳤다. 그가 영국에 정착한 이후 영국과 미국 학자들은 사회와 문화의 관련성에 대해 한층 예리하게 인식하게 되었다. 지식사회학의 개척자로도 알려져 있는 그의 대표작은 《이데올로기와 유토피아》다. 제목이 가리키듯, 정치 이념과 이상 사회의 관계를 다룬 이 책의 논지를 간추리면 다음과 같다.

만하임은 '무정부주의', '보수주의', '급진주의', '자유주의'로 이데올로기를 구분한다. 그 구분은 유토피아, 즉 이상 사회의 시간적 위치를 어디에 두는가에 따라 결정된다. 급진주의자들은 이상 사회가 가까운 미래에 있다고 믿기에 그것을 당장 실현하기 위해 혁명과 같은 수단에 의존하려 한다. 자유주의자들은 먼 미래에 있다고 보기 때문에 점진적인 개혁을 통해 이상향을 실현하려 한다. 보수주의자들은 현재가 잠정적으로나마 인간이 현실에서 기대하고 정당하게 추구할 수 있는 최상의 사회라고 본다. 무정부주의자들에게 이상 사회는 먼 옛날 황금시대에 존재했고, 이후 인류는 타락의 역사를 겪어왔다. 따라서 그들은 현 제도의 정통성을 타파하려는 경향을 갖는다.

일리 있는 구분이나, 우리 사회에서는 이런 사회학적 구분이 통용되지 않는다. 기득권을 가진 자들은 그들의 이익에 배치되는 사람들에게 무조건 좌익에 빨갱이라는 통칭을 붙이며 보수를 자처한다. 자신들만의 이익을 추구하는 그들만의 이상 사회가 유토피아일 수 있는가? 거기에 보수의 이데올로기라는 이름을 붙일 수 있을까? 그들은 권력과 금력을 장악하는 지배층이 되기에 앞서 천박함으로부터 탈피해야 한다. 최소한 사회학적 구분이 의미를 갖는 사회는 되어야 하지 않겠는가?

키워드 근대 지식인 이념 권력 탐욕

49

시드니 모나스

— 노학자의 회한

제2차 세계대전 당시 미국 전투기가 독일 기차를 집요하게 추격하며 기총소사를 했다. 조종사는 기차 안에 추위와 굶주림에 시달리던 미군 포로들이 갇혀 있음을 알 길이 없었다. 열흘의 호송 끝에 포로수용소에 도착했을 때 오히려 그들은 안도했다.

그중에 시드니 모나스가 있었다. 독일어가 능통한 그는 독일인과 이야기하면 러시아계 유대인임이 알려질까 두려워 독일어를 모르는 체했다. 그러나 포로 한 명이 고열로 쓰러지자 어쩔 수 없이 독일어로 교도관을 불러 도움을 청했다. 그 뒤 모나스는 포로와 교도관 사이의 통역을 맡았다. 독일 장교 하나가 통역을 맡길 수 없다고 했다. 그가 유대인이라 신뢰할 수 없다고 이의를 제기한 것이다. 생애를 통틀어 단 한 번 그는 살기 위해 자신의 정체를 부인했다.

이제는 은퇴한 학자인 그는 많은 업적을 남겼다. 텍사스 대학교에서 문학과 역사와 철학을 넘나들며 폭넓고도 깊이 있는 강의로 학생들을 사로잡았던 그는 6년 동안 권위 있는 학술지인 《슬라빅 리뷰》의 책임 편집자를 맡기도 했다. 유대인이면서도 시오니즘에 반대하여 다른 유대인들의 비난을 받기도 한다. 지금도 많은 미국인이 그가 번역한 판본으로 도스토옙스키의《죄와 벌》을 읽으며, 그가 도스토옙스키의 다른 저작을 번역하지 않은 게 아쉽다고 말한다.

아마도 도스토옙스키에 몰두하기엔 그의 관심사가 너무도 방대하기 때문이라 추측된다. 왜냐하면 그는 잘 알려지지 않은 러시아의 숨은 인재들을 서방에 알리는 일에 더 큰 비중을 두었기 때문이다.

이 노학자는 최근에 있었던 신문 인터뷰에서 아직도 자신의 '죄와 결함' 때문에 회한에 시달린다고 술회했다. 자신의 정체를 부인한 그 한 번의 일 때문에.

키워드 근대 역사가 전쟁 나치 양심 실천

앨리스 폴

― **조용한 보초**

미국 여성의 투표권은 1920년 수정 헌법 제19조를 통해 보장되었다. "미국 시민의 투표권은 성별에 따라 미국 어느 주에서도 거부 또는 제한되지 아니한다." 그 조항의 전문은 이렇게 짧다. 그렇지만 이것이 통과되기까지 관련자들이 겪었던 정신적·육체적·재정적 고통이 얼마나 컸는지 오늘날 미국 국민은 상상하기 어려울 정도다. 그 아픔을 가장 크게 느낀 사람이 앨리스 폴이었다.

　법률가 폴은 미국 여성참정권협회의 회원이 되었다. 그 협회의 의회 담당 위원회 위원장이 된 폴은 우드로 윌슨 대통령 취임식 전날 시위행진을 벌여 협회의 취지를 널리 알렸다. 그 뒤 폴은 헌법에 수정 조항을 넣으려고 로비 활동을 벌였으나 그것이 오히려 협회 회장과 마찰을 초래했다. 회장은 수정 조항이 시기상조라고 판단했다. 로비 활동마저 실패로 끝나자 폴은 전국여성당을 조직했다. 다행히도 한 독지가가 나서서 재정 문제

114

를 해결해주어 주간으로 기관지까지 낼 수 있었다.

전국여성당은 1916년 대선에서 수정 조항을 거부하던 윌슨에 반대했다. 그들은 백악관 앞에서 여성 참정권을 요구하는 최초의 정치적 시위를 벌였다. 팻말을 들고 침묵으로 일관한 그들을 사람들은 '조용한 보초'라고 불렀는데, 이는 비폭력적인 시민 불복종운동의 단적인 사례였다. 그들은 '통행방해죄'로 구금되었다.

폴은 감옥에서도 단식투쟁을 벌였다. 그 결과 감옥 내부의 정신병동으로 격리 수감되었다. 그곳에선 음식을 거부하는 폴에게 관을 통해 날달걀을 강제로 먹였다. 폴은 뒷날 인터뷰에서 "요즘은 상상도 못할 일"이 아니냐고 반문했다. "남자로 구성된 정부에서 단지 투표권만을 요구한 행동에 대해 그렇게 모욕을 보였다"는 게 충격이라는 것이었다.

단식투쟁과 지속적인 시위, 언론의 압력이 작용한 결과, 윌슨 행정부는 여성의 투표권이 '전시의 조처'로써 긴급하게 요구된다고 의회에 촉구했다. 그렇게 해서 수정 헌법 제19조가 승인되었다.

키워드 근대 여성 권리 저항

51
프란츠 카프카

— 우리 주변의 카프카

'카프카에스크(kafkaesque)'라는 영어 단어가 만들어졌다. 독일
어권 소설가 프란츠 카프카의 영향력이 커지면서 생긴 현상이
다. '카프카식의' 정도로 번역될 수 있는 그 형용사는 맥락에 따
라 여러 의미로 받아들여진다. 때로는 무의미하고 방향을 상실
한 실존의 상황을 가리키기도 하고, 때로는 초현실적인 위협이
임박해오는 암울한 위기의식을 뜻하기도 하며, 때로는 강력하
지만 실체를 알 수 없는 관료주의에 의해 의도적으로 왜곡된 실
재를 표현하기도 한다.

어쨌든 그 모든 것은 《성》,《소송》,《변신》과 같은 카프카의 작
품이 전달하는 의미의 모호성 또는 다중성에서 비롯된다. 그에
따라 비평가들도 그를 여러 가지 방식으로 해석한다. 그에게 실
존주의자, 마르크스주의자, 무정부주의자의 이름표를 붙이기도
하고, 유대교나 프로이트 정신분석의 안경을 통해 작품의 내면
을 보려고도 하며, 그의 작품은 신에 대한 형이상학적인 추구를

알레고리로 표현한 것이라고 받아들이기도 한다.

질 들뢰즈와 펠릭스 가타리까지 가세하여 그의 작품 세계는 생각보다 더 전복적이고 '즐거운' 것이라며 해석에 새로운 지평을 연 것을 보면, 그 모든 해석을 수용할 만큼 그의 언어에는 함의가 풍부하다고 봐야 마땅하다. 그런데 최근에 한 비평가는 카프카가 특히 영국과 미국의 독자들에게 초현실적으로 보일지 모르나, 그것은 그들이 독일과 오스트리아의 법체계에 익숙하지 않기 때문이라는 주장을 펼쳤다. 몽환적으로 보일 정도로 당혹스런 부조리의 세계가 사실은 당시 독일계 형사 법정의 관례에 대한 정확한 묘사였다는 것이다.

그런데 우리 주변에선 그것이 논란거리도 되지 못할 것 같다. 법, 즉 정의의 내부로 들어가려고 문 앞에서 평생을 지키고 있어도 결국 죽을 때까지 허락받지 못한 사람의 우화가 여기에선 실화가 되고 있으니 말이다. 정의를 부르짖는 많은 사람이 들어가게 되는 곳은 결국 법의 내부가 아니라 감옥의 내부가 되고 있다.

키워드 근대 문학 작가 부조리 정의 탄압

52 그리고리 라스푸틴

— 로마노프 왕가의 몰락

러시아 로마노프 가의 황태자 알렉세이는 혈우병으로 추정되는 병을 앓고 있었다. 유럽의 왕가에 널리 퍼져 있던 병이었다. 의사들이 치료법을 찾지 못하고 포기하자 황후 알렉산드라는 아들을 구할 묘책을 백방으로 수소문했다. 그때 수도승 라스푸틴이 병을 고칠 수 있다고 자신하며 기도를 통해 황태자를 살렸다. 라스푸틴은 황후와 황제 니콜라이 2세의 총애를 받으며 권좌에 올랐다. 라스푸틴이 황후의 정부라는 소문까지 떠돌았다.

정치적으로 무능했던 황제는 러일전쟁과 혹정에 시달리는 농민에게 총격을 가한 '피의 일요일' 사건 등의 난국을 맞아 허수아비로 전락했다. 제1차 세계대전이 벌어지자 니콜라이는 전선으로 떠나며 황궁을 아내에게 맡겼다. 이후 라스푸틴의 영향력은 더욱 강해져 그가 제정 러시아를 섭정하는 지경에 이르렀다. 라스푸틴의 전횡이 극에 달하자 좌우를 막론하고 그에 대한 반감이 더욱 커졌다. 결국 그는 왕가의 한 인물이 주도한 만찬에 초대받았다가 암살되었다. 그러나 그의 죽음이 끝이 아니었다. 2년 뒤 황제 가족은 볼셰비키의 손에 처형되었고, 로마노프 왕가는 몰락했다.

라스푸틴의 평전을 쓴 콜린 윌슨은 그의 특이한 사항을 이렇게 기록했다. "현대사의 어떤 인물도 그리고리 라스푸틴만큼 선정적이고 신뢰할 수 없는 자료로 가득 차 있지는 않다. 그에 대한 책이 백 권도 더 있지만, 어떤 책 한 권도 그라는 인간을 제대로 제시하지 못한다. 대부분이 날조이거나 의도적인 왜곡으로 이어져 있다." 사실 윌슨의 이 표현은 역설적으로 진실의 한 단면을 말해주고 있다. 왜냐하면 라스푸틴은 허황된 신비에 대한 비이성적인 믿음을 키움으로써 자신의 권력을 강화한 것이었으니 말이다.

최근 대통령의 행보를 두고 요설이 난무한다. 국가의 기조가 건전하지 못하다는 증거다. 정상적으로 정치 권한을 수행하고 권위를 행사해야 할 자리에 가당치 않은 인물이 개입하면 그땐 왕조의 운명조차 바람 앞의 등불일 뿐이다.

키워드 근대 정치 지도자 권력

53 전쟁터의 군인들

공식적인 휴전은 없었다. 독일군이 참호 주변에 촛불과 크리스마스트리를 놓고 캐럴을 부르기 시작했다. 영국군도 따라 했다. 큰 소리로 서로에게 크리스마스 인사를 건넨 그들은 '주인 없는 땅', 총알과 포탄만 날아다니던 땅으로 나와 음식, 담배, 술, 단추, 모자와 같은 작은 선물을 주고받았다. 그날 밤에는 포성이 울리지 않았다. 그들은 죽은 병사들을 묻고 함께 추모했다. 1914년 12월 24일, 서부전선 격전지 이프르에서 벌어진 일이었다. 정초까지 휴전이 이어진 곳도 있었다.

제1차 세계대전이 벌어진 뒤 첫 성탄 축일인 '천사들이 노래했던 밤'만이라도 공식으로 휴전을 해달라는 교황 베네딕토 15세의 요청을 양쪽 정부에서 무시했고, 약 10만 명의 병사들은 그들 정부를 무시했다. 보고받은 영국 제2군단 사령관은 격분하여 적군과 친밀하게 지내는 것을 금지한다는 엄명을 내렸다. 비공식적인 휴전을 없애기 위해 이듬해부터는 크리스마스이브에도 포병대에 포격 명령이 떨어졌다. 포병들은 명령을 지켰다. 서로 약속한 듯 정확한 시간에 정확한 지점을 향해 발포했다. 인명 피해를 주지 않도록.

1915년에도 캐럴이 울려 퍼졌다. 캐럴이 돋운 선의의 분위기에 양국 병사들은 새벽에 참호에서 나와 인사를 주고받았고, 축구 경기가 벌어지기도 했다. 프랑스군과 독일군 사이에서도 비슷한 일이 일어났다. 프랑스군의 와인, 코냑, 담배와 독일군의 햄, 빵, 비스킷이 만나 정찬을 이루었다. 전쟁이 끝난 뒤까지 우정이 이어진 일도 있었다. 한 군인은 "그 무엇과도 바꿀 수 없는 특별하고 이상한 크리스마스였다"라고 술회했다.

최후의 증인인 앨프리드 앤더슨은 2005년에 백아홉 살의 나이로 세상을 떠났다.

키워드 근대 전쟁 평화

54 맨해튼의 의류 노동자들

— 그곳의 갑과 을

1911년 3월, 뉴욕 맨해튼에 화재가 발생했다. 90년 뒤 세계무역센터가 피격되기 전까지 뉴욕 시에서 두 번째로 인명 피해가 큰 사고였다. 트라이앵글 블라우스 공장 재단실에서 누군가 부주의하게 옷감 자투리가 쌓인 쓰레기통에 담배꽁초를 버려 일어난 이 참사로 146명의 노동자가 희생되었다. 희생자 대다수는 최근에 입국한 십 대 후반과 이십 대 초반의 유대계와 이탈리아계 여성들이었다.

공장은 10층짜리 건물에서 8~10층을 사용했다. 소방관들이 신속하게 도착했음에도 화염을 잡을 방도가 없었다. 당시에는 사다리가 기껏해야 6층까지밖에 도달하지 못했기 때문이다. 그러나 사망자가 늘어난 더 중요한 이유가 있었다. 비상계단으로 통하는 문이 잠겨 있었던 것이다. 노동자들이 옷가지를 훔쳐가고, 몰래 그곳에서 휴식을 취하는 것을 방지한다는 이유였다. 탈출구가 막힌 그들은 타서 죽고, 질식해 죽고, 또는 바닥에 떨어져 죽었다.

갑의 횡포가 명백했다. 경영주들이 마침 공장 구경을 한다고 자녀들과 함께 현장에 있었지만 그들은 모두 무사히 대피했다. 또 이후 벌어진 재판에서 문이 잠긴 것을 그들이 알고 있었다는 사실을 검사 측이 입증하지 못하여 그대로 방면되었다. 민사소송에서는 희생자 한 명당 75달러를 배상하라는 평결이 있었으나, 보험회사에서는 경영주들에게 한 명당 400달러꼴로 지급했다.

여기까지의 이야기는 암울하다. 하지만 이 사고로 노동자들은 교훈을 배워, 특히 여성 노동자들의 노동조합을 통한 연대가 강화되었다. 뉴욕 시에서는 노동자들의 노동시간을 단축하고 노동 현장의 안전을 강화하는 법안을 제정했다. 2008년에는 '트라이앵글 화재를 기억하라'라는 조직이 결성되어 2011년에 화재 100주년을 추념하는 행사를 거행했다.

이 땅에선 많은 기업이 도를 지나친 갑질로 논란이 되곤 한다. 그때마다 여론이 들끓곤 하지만 곧 잊히는 일이 다반사다. 끈질긴 문제 제기로 합당한 교훈적 결말을 이끌어내야 할 일이다.

키워드 근대 노동 권리 저항 연대

로즈 슈나이더만

— **빵과 장미**

1912년 미국 로렌스 시에서 여성 노동자들이 파업에 나섰다. "우리는 빵을 원한다. 또한 장미도 원한다." 그들이 외친 구호는 노동자들의 생존뿐 아니라 존엄성도 회복되어야 한다는 의미를 담고 있다. 오늘날 로렌스 파업을 '빵과 장미 파업'이라고도 말하는데, 이 문구는 켄 로치 감독의 영화 제목으로 더욱 유명해졌다. 이 표현은 제임스 오펜하임의 시 구절 "몸과 함께 마음도 굶주린다네 / 우리에게 빵을 달라. 그러나 장미도 달라"가 출처라고 알려져 있다. 그러나 실상 그 시인조차 로즈 슈나이더만이라는 여성 노동운동가의 연설에서 영감을 얻었다.

1890년 러시아령 폴란드에서 미국으로 이주한 지 2년 만에 부친이 사망하여 슈나이더만 가족은 곤궁에 휩싸였다. 홀로 가계를 책임지던 어머니는 그를 고아원에 맡긴 적도 있었다. 그는 배우고자 하는 열망도 뒤로한 채 열두 살 어린 시절부터 노동 세계의 험난함을 몸으로 겪었다. 그러면서 노조 운동을 통한 개혁 운동에 관심을 갖게 되었다. 자신이 다니던 공장부터 노동조합을 결성하며 그는 점차 운동가로 이름을 알렸다.

1911년 트라이앵글 블라우스 공장 화재의 희생자 추모 행사에서 슈나이더만이 연단에 올랐다. "선량한 인간애를 말하려 한다면 나는 타 죽은 불행한 사람들의 배반자입니다. 사람들의 몸값은 너무도 싼 반면, 가진 자들의 재산권은 너무도 신성합니다. 이제 우리는 당신들을 시험합니다. 슬퍼하는 어머니, 형제자매에게 적선할 한두 푼이 우리를 덮친 상황에 대한 유일한 저항이라면 법의 강한 손은 다시금 우리를 강하게 압박할 것입니다. 노동자들이 스스로를 지킬 유일한 방법은 강력한 노동계급 운동을 통해서일 뿐입니다."

로렌스 파업은 남성 노동자들로 구성된 미국노동연맹의 홀대를 받으면서도 궁극적인 성공을 거뒀다. 고통까지 연대하여 개인 노동자의 나약함을 넘어서려는 선구자의 집념이 바탕에 깔려 있기에 가능한 일이었다.

키워드 근대 여성 노동 권리 저항 연대

56 업턴 싱클레어

— 정글

7주 동안 미국 시카고 도축장 부근의 고기를 통조림으로 만드는 공장에 익명으로 잠입하여 노동환경의 실태를 조사했다. 그것을 바탕으로 소설을 쓴 뒤 책을 내기 위해 출판사를 찾았으나 내용이 너무 충격적이라는 이유로 다섯 군데에서 거절당한 뒤, 마침내 1906년 2월에 출판하기에 이른다. 그 뒤로 지금까지 그 책은 계속 인쇄되고 있다. 바로 업턴 싱클레어의 소설《정글》에 얽힌 사연이다.

사회주의자 싱클레어가 그 소설을 쓴 목적은 어린이와 여성을 포함한 노동자의 열악한 노동조건을 고발하고 착취의 실상을 알리려는 것이었다. 그는 그것을 통해 공장 내부에 부정부패의 고리가 연결되어 있음을 보이려고 했다. 그렇지만 대중은 자신들이 먹는 고기의 위생 상태가 그다지도 열악했다는 사실에 경악했다. 책이 불티나게 팔리고 싱클레어는 유명인사가 되었다. 그는 "대중이 노동자들에게 관심을 보여서가 아니라 결핵에 걸린 쇠고기를 먹고 싶지 않아서" 자신이 유명해졌다고 씁쓸하게 회고했다. 싱클레어는 "대중의 심장을 겨냥했는데, 실수로 위장을 가격했다"라고 말하기도 했다.

시어도어 루스벨트 대통령은 그를 '미치광이'로 취급하며 소설의 내용을 믿지 않았다. 그러나 대중의 관심이 커지자 자신이 신뢰하던 관료와 사회사업가를 파견하여 비밀리에 실태를 조사하도록 했다. 그러나 정보가 새어나가 공장에서는 사람들을 하루 종일 3교대로 바꿔가며 3주에 걸쳐 대청소를 실시했다. 그럼에도 파견된 사람들은 공장의 열악한 노동환경과 노동자들에 대한 공장 관리자의 무관심에 크게 놀랐다. 결국 루스벨트는 싱클레어의 소설 내용을 믿지 않을 수 없었다. 그는 혐오스러운 노동환경과 부적절한 검사 체제에 관한 정보를 흘렸다. 궁극적으로 대중의 압력은 안전한 식품과 약품에 대한 조례를 만들고, FDA(미국 식품의약청)의 전신인 '화학청'을 설치하는 것으로 이어졌다. 이렇듯 미국 축산업계와 쇠고기에도 면밀히 이어지는 역사가 있다.

키워드 근대 문학 작가 노동 부정부패

57 케테 콜비츠

— **어머니의 이름으로**

독일 베를린 빈민가에서 의료 활동을 벌이던 의사 카를 콜비츠와 결혼한 케테는 남편이 가난한 사람들을 진찰하는 모습을 늘 보면서 그들을 소재로 많은 그림을 그렸다. 그들의 삶에 대한 공감이나 동정 때문이 아니었다. 진정 그들의 모습이 아름답다고 느꼈기 때문에 그린 것이다.

역사도 모티프였다. 실패로 끝난 슐레지엔 직조공들의 봉기를 담은 게르하르트 하우프트만의 연극 〈직조공들〉을 보고 감명을 받은 그는 직조공들의 애환과 투쟁을 담은 여섯 개의 연작을 완성했다. 종교개혁 당시 남부 독일에서 일어났던 농민전쟁을 다룬 〈농민전쟁〉도 대표작으로 꼽힌다. 일곱 개의 작품으로 구성된 그 연작 중에 〈전쟁 이후〉라는 것이 있다. 그 작품에는 밤에 아들을 찾으려고 시체 사이를 헤매는 어머니의 섬뜩한 모습이 나온다.

그런데 이 장면은 콜비츠 자신의 모습을 예견한 것일 수도 있

128

다. 막내아들 페터가 제1차 세계대전에 참전했다가 스무 날 만에 주검이 되었기 때문이다. 콜비츠 부부의 슬픔은 페터가 묻힌 독일군 전몰자 공동묘지의 조각상 〈슬퍼하는 부모〉에서 고스란히 드러난다. 콜비츠는 슬퍼하는 데 그치지 않았다. 그는 반전과 평화를 염원하는 많은 판화를 통해 젊은이들을 죽음의 참화로 내모는 전쟁을 고발했다. 또한 애국심에 호소하며 어린이와 노인에게까지 전쟁 참여를 독려하는 정부의 선전에 맞서 "이제 죽음은 충분하다! 또 다른 한 명도 더 죽을 수는 없다!"라고 공개적으로 언명했다.

이후 나치가 집권하면서 작품 전시조차 금지되었다. 게슈타포가 집단수용소로 보내겠다고 위협하자 부부는 자살을 결심한다. 그러나 이미 국제적 명성을 얻은 그에게 유명 예술가 150명이 지지 전보를 보냈고 결국 나치도 건드리지 못했다. 미국에서 주거지를 제공하겠다고 나섰지만, 가족에게 닥칠 보복이 두려워 거절했다.

그 뒤 아들 이름을 딴 맏손자 페터마저 제2차 세계대전에서 사망하자 비통에 젖은 콜비츠는 반전의 기치를 더욱 높였다. 하지만 종전을 눈앞에 두고 안타깝게도 유명을 달리했다.

키워드 근대 예술 전쟁 민중 노동 평화

58
알렉산드라 콜론타이

— 여성의 날

20세기 초부터 유럽과 미국에서는 여성의 참정권을 요구하는 목소리가 높아지고 있었다. 1910년 국제 사회주의자 대회가 열리기 직전에 여성 참가자들이 모였다. 그들은 '세계 여성의 날'을 제정해 투표권을 비롯한 여성의 평등한 권리를 홍보해야 할 필요성을 느꼈다. 그리하여 1911년 3월 유럽 여러 나라에서 100만 명이 넘게 시위에 참가했다. 그 이후에도 비슷한 시기에 연례행사처럼 참정권과 고용 평등을 주장하는 시위가 열렸지만 '여성의 날'의 날짜가 고정되지는 않았다.

1917년 러시아의 상트페테르부르크에서 2월 마지막 일요일에 여성들의 시위가 진행되었다. '빵과 평화'를 연이어 외치며 식량 부족 해결과 제1차 세계대전의 종결을 요구하던 여성들이 파업에 나섰다. 그런데 이것이 니콜라이 2세의 제정을 붕괴시키는 '2월혁명'으로 이어졌다. 트로츠키는 "그 2월 23일은 '세계 여성의 날'이었고 시위가 예상되었다. 그러나 이것이 혁명으로 이어지리라고는 상상도 하지 못했다"라고 술회했다.

'10월혁명'으로 볼셰비키 정부가 들어선 뒤 혁명을 주도했던 여성인 알렉산드라 콜론타이가 레닌을 설득해 그날이 기념일이 되었다. 러시아력의 그 2월 마지막 일요일이 그레고리력으로 3월 8일이었다. 1977년부터 유엔에서 공산권에서 특히 기념하던 그날을 '여성의 권리와 세계 평화의 날'로 선포함으로써 명실상부한 국제적 기념일이 되었다. 소련이 기원임을 못마땅하게 여겨 1857년 3월 8일 뉴욕에서 있었던 여성의 시위가 출발점이었다고 내세우는 주장도 있다.

오늘날에도 전 세계적으로 6억 이상의 여성이 가정 폭력을 범죄로 인식하지 않는 나라에서 살고 있고, 70퍼센트가량의 여성이 생의 어느 순간엔가 물리적 폭력이나 성폭력을 경험하며, 6천만 명 이상에 이르는 열여덟 살 미만의 소녀들이 신부로 팔려나가고 있다. 기원이 어떻든 이러한 부끄러운 사실들이 '여성의 날'이 있어야 할 당위성을 말해준다.

키워드 근대 여성 권리 혁명

에밀린 굴든

─ 말이 아닌 행동으로

1860년대에 부모님에게서 《톰 아저씨의 오두막》을 들으며 잠이 들던 한 영국 소녀가 있었다. 세 살부터 책을 읽으며 독서광이 된 그는 토머스 칼라일의 《프랑스혁명사》가 평생 자신의 영감의 원천이었다고 술회했다. 그러나 그의 지식은 책에서 얻은 것 외엔 별로 없었다. 여성의 참정권을 지지했지만 여자들은 장래의 남편이 필요로 하는 솜씨만 기르면 된다고 믿었던 그의 부모는 딸들에게 "가정을 매력적으로 만드는"법을 가르치는 정도에 그쳤다. 5남 5녀의 장녀였던 그는 남자 형제들이 누리던 교육의 혜택을 받지 못했다. 이 소녀 에밀린 굴든이 뒷날 여성 참정권 운동의 선구자로 자라나게 된다.

스무 살의 에밀린은 부모의 반대를 무릅쓰고 여성의 참정권을 옹호하던 마흔넷의 변호사, 리처드 팽크허스트와 결혼했다. 10년 사이에 다섯 명의 자녀를 가졌으면서도 에밀린은 여성의 투표권을 쟁취하려는 대외 활동에 분주했고, 리처드는 아이들의 양육을 위해 하인을 고용하면서 에밀린을 도왔다. 아내가 '가사 행위의 기계'가 되도록 할 수는 없다는 것이었다.

1898년 남편이 사망한 뒤 에밀린은 '여성사회정치연합'을 결성했다. 여성의 투표권 쟁취를 목표로 한 이 단체는 '말이 아닌 행동'을 구호로 삼았다. 특히 에밀린의 딸들이 큰 몫을 했는데, 창문을 깨뜨리거나 경찰관을 공격하는 등 과격한 행동에 나섰고 구금 뒤에는 단식투쟁을 벌였다. 정당 내부에서는 목적을 이루기 어렵기에 제도권 밖에서 행동에 나선 것이다. 그래서 비판도 받고 역사적 평가가 엇갈리기도 하지만, 에밀린은 1999년 《타임》이 선정한 20세기 가장 중요한 100명의 인물에 꼽혔다. 1918년 영국에서 서른 살 이상의 여성에게 처음으로 투표권이 주어졌고, 그에 기여했다는 것이 이유였다.

3월 8일은 제정된 지 100년이 갓 넘은 '세계 여성의 날'이다. 1948년에야 여성이 투표권을 얻은 이 땅에서도 이날의 의미를 되짚어보게 되기를 바란다.

키워드 근대 여성 차별 권리 저항

60

소스타인 베블런

― 유한계급론

태곳적 먼 옛날부터 인류는 여가를 갖는 계급과 그렇지 못한 계급으로 나뉘었다. 사냥과 전쟁처럼 덜 노동 집약적이고 덜 생산적인 일에 종사하던 사람들이 높은 지위를 차지한 반면, 더 고되고 생산적인 농경이나 가사를 담당하던 사람들은 지위가 낮았다. 지위가 높은 자들은 여가를 누리며 경제활동에는 상징적으로만 참여했고, 실질적인 경제활동은 지위가 낮은 자들이 담당했다. 현대사회에도 그러한 차별이 지속되어 생산노동에 종사하지 않고 그 위에 기생하면서 자신의 부와 세를 과시하는 집단이 존재한다.

이것은 노르웨이계 미국 경제학자 소스타인 베블런이 사회 속의 인간을 구분한 방식으로, 유한계급은 자신의 재산과 사회적 지위를 드러내는 과시적 여가와 그것에서 비롯된 과시적 소비를 특징으로 한다. 본디 베블런은 책장을 전집류로 채워넣으며 재산뿐 아니라 교양도 있음을 으스대던 신흥 졸부의 행태를 묘사했는데, 그것이 어느 시대에도 적용되는 이론의 위치로 올라선 것이다.

결국 유한계급에 속하는 사람들의 특권과 명성은 생산이 아닌 낭비적 소비 유형에 따라 결정된다. 문제는 하위 계층이 그들의 행태를 동경하고 모방하여 결국 시간과 노력과 재화를 낭비하는 사회가 도래하게 된다는 사실에 있다. 그 사회에서는 소비의 규모와 행태에 따라 한층 더 정교하게 계급이 구분되어 차별이 이루어진다. 더구나 재산을 형성한 과정은 도외시되고 단지 재산을 가졌다는 것만이 명예로운 것으로 부각되며, 자신의 노력으로 획득한 재산보다는 물려받은 재산이 더 높이 평가된다.

노동의 가치와 노동자의 생산력을 가장 중요한 경제적 요인으로 평가한 마르크스와 비교하면 베블런의 이론은 노동보다 인간의 본성과 사회 관습에 바탕을 둔 미시적 통찰이라 할 수 있다. 그런데 지금 우리 사회에선 그의 이론이 더욱 확실하게 적용되는 사례들이 도드라져 보인다. 유한계급에 의한 사회의 퇴보를 지켜보는 마음이 씁쓸하다.

키워드 근대 경제 노동 계급 불평등

에밀 졸라

— 희망의 씨앗

《목로주점》이후 계속된 성공으로 부와 명성의 정상에 오른 에밀 졸라는 1898년, 모든 것을 잃게 한 '역사상 위대한 소동'을 일으켰다. 스파이 혐의를 받은 유대인 포병 장교 드레퓌스 재판의 부당성에 대해 〈나는 고발한다〉라는 글을 일간지에 기고했던 것이다. 이 격렬한 공개서한으로 군부와 보수층의 미움을 산 그는 유죄를 선고받은 뒤 영국으로 망명했다. 그러나 전 세계적으로 사건의 진실이 알려지면서 드레퓌스는 명예를 회복했고, 졸라는 지식인의 양심을 대표하는 작가로 추앙받았다.

그가 사망한 뒤 추도객이 운집했다. 사람들은 "제르미날, 제르미날!"을 연이어 외쳤다. 그것은 북프랑스 탄광을 배경으로 자본의 폭압에 맞선 광산 노동자들의 애환을 그린 졸라의 소설 제목이다. 민중의 저항과 자유, 정의와 행복에 관한 대서사시를 통해 그는 20세기에 가장 중요하게 다가올 문제를 제기함으로써 미래를 예언했다. 비록 작품 속에서 주인공이 주도한 파업은

군과 경찰의 진압으로 실패했지만, '씨앗'을 뜻하는 제목의 어원에서 알 수 있듯이 그 속엔 언젠가 파업이 거둘 풍요로운 수확에 대한 희망의 메시지가 담겨 있다.

1980년 4월, 강원도 사북에서도 프랑스의 탄광보다 더 열악한 조건에서 착취와 유린을 당하던 광부들의 생존을 위한 총파업이 있었다. 군사독재 정권은 겉으로 협상하는 자세를 취하며 항쟁을 종결시켰으나 시위대의 고난은 그때부터였다. 체포와 구금, 고문이 이어졌지만 언론에서는 투쟁 과정의 폭력성만을 부각했다. 회사 쪽의 임금 착복과 인권 탄압은 거론조차 되지 않았다. 사북 노동항쟁은 2005년에야 민주화운동으로 인정받기에 이르렀다. 그러나 그들이, 그 산하가 겪은 고초의 진상은 아직도 널리 알려지지 않았고, 보상은 미미할 뿐이다.

당시 시위 주도자들은 이후 다른 탄광 노동자의 생활 조건이 향상된 사실에 그나마 보람을 느낀다. 그들이야말로 '희망의 씨앗'이다.

키워드 근대 문학 작가 탄압 민중 노동 권리 저항 자유

막스 베버

— 방법론의 시대

많은 사람이 막스 베버를 20세기 최대의 사회학자로 인정한다. 베버는 본격적인 사회학 탐구에 앞서 대략 5년에 걸쳐 방법론에 관한 논문을 여섯 편 썼다. 논문이라지만 길이도 길고 내용도 충실해 각기 단행본으로 출판되었을 정도다. 그런데 문제는 베버 자신이 방법론 연구의 중요성에 대해 회의를 품고 있었다는 사실이다. 이유는 세 가지로 집약된다. 방법론은 학문적인 전문성보다는 딜레탕티슴, 즉 아마추어리즘을 조장하고, 반박과 재반박의 또 다른 방법론을 불러와 방법론의 만연을 초래할 뿐이며, 비본질적이고 시간 낭비에 불과하다는 것이다.

그렇다면 베버 본인은 왜 방법론에 대해 썼을까? 베버는 방법론을 해부학에 비유하며 신체의 어떤 부분에 이상이 있을 때 해부학이 필요하듯, 학문의 본질에 대한 혼란이 생겼을 때 그 해결책으로서 방법론이 의미가 있다고 보았다. 베버는 '존재'와 '당위' 사이의 혼돈, 학문과 가치의 영역에 대한 혼돈이 만연했던 당대를 혼란의 시대로 보고 방법론 논쟁을 통해 학문의 엄격한 기준을 세우려 했다. 학문은 '존재', 즉 '있는 것'을 있는 그대로 보고 결론을 내려야 하는 것인데, '당위' 즉 '그렇게 되어야 하는 것'을 미리 결론으로 내려두고 그것을 옹호하는 논리를 펼치는 상황을 비판하고 싶었던 것이다.

베버가 방법론적 저술을 펼친 지 한 세기가 지난 우리 사회에는 그때보다 훨씬 더 큰 혼란이 만연해 있다. 본질에 대한 논의는 사라지고 언어 유희가 판을 친다. BBK 주가 조작 사건의 경우 '주어'가 없다는 말로 본질을 회피했는데, 정작 그 사건의 주체는 해보지 않은 일이 없다며 언제나 '나'를 강조한다. 이것이 정말로 문법의 문제일까? '민주주의'로 충분한데 '자유민주주의'를 강조하며 '반공'으로 역사 교과서의 내용을 채우려는 이들이 소리를 높인다. 혼란의 시대다. 그만큼 엄정한 방법론이 절실히 필요하다.

키워드 근대 지식인 부정부패 이념

63

마이러 브래드웰

— **아름다운 여성이란**

미국 일리노이 주에서 여성 최초로 변호사 자격증을 취득한 마이러 브래드웰의 아름다운 행적을 보면 절로 마음이 훈훈해진다. 교사였던 그는 법대에서 여성 입학을 허용하지 않던 시기에 네 아이를 키우며 변호사 남편의 도움을 받아 법학에 눈을 떴다. 브래드웰은 이후 미국 법조계에서 가장 널리 읽힌 신문인 《시카고 법 소식》을 창간했고, 거기에 '여성과 관련된 법'이라는 고정 칼럼을 만들었다.

그는 결혼한 여성의 재산권을 보호하는 법령을 만드는 데도 도움을 주었다. 공헌을 인정한 순회 판사가 그에게 변호사 자격증을 수여하라고 요청했으나, 일리노이 고등법원에서는 남녀의 행동 영역이 다르다는 이유로 기각했다. 미국 시민의 평등한 공민권을 규정한 수정 헌법 제14조에 따라 대법원에 상고했지만 결과는 같았다. 대법원의 기각 이유는 잔혹한 사건도 맡아야 하는 법조계의 관행이 여자에겐 어울리지 않는다는 것, 여성에게 문호가 열리면 더 많은 여성이 그 길에 들어서는 사태가 일어난다는 것 등이었다. 대법관 브래들리는 일갈했다. "여성 최고의 운명이자 임무는 아내와 어머니라는 고귀한 직무를 수행하는 것이다. 그것이 조물주의 법이다."

불공정한 처사라고 느낀 브래드웰은 연방 대법원에 호소했으나 결과는 마찬가지였다. 이후 변호사 자격 취득을 위한 소송을 더 걸지는 않았지만 그는 언론을 통한 여성운동을 활발하게 지속했다. 그뿐 아니라 여성 참정권 획득을 위해 활동 무대를 넓혔다. 일리노이 주에서는 1890년에 이르러서야 새로운 요청이 없었는데도 그에게 변호사 자격증을 수여했다. 신청한 지 21년 만의 일이었다. 여성의 권리에 대한 진실한 의도와 행동이 가져온 결과였다.

2013년 대통령의 미국 순방은 대변인의 아름답지 못한 경질로 끝을 맺었다. 여성은 물론이고 인간이나 인권에 대한 참된 이해에 바탕을 두지 않고, 고운 한복의 여성성에 의존하는 정치 활동이 초래한 마땅한 결과로 보인다.

키워드 근대 여성 차별 권리

64
오거스트 스피스

— 메이데이가 슬픈 이유

남북전쟁 이후 미국은 급격한 산업화로 경제가 팽창했다. 노동자의 희생 덕분에 가능한 성장이었다. 산업 거점의 하나였던 시카고에서 노동자들은 저임금에 시달리며 일주일에 6일을 하루에 10여 시간씩 일했다. 무정부주의자들이 그 상황을 개선하려 했고, 최근에 이민 온 독일계 노동자들이 큰 힘을 보탰다.

1886년 5월 1일이 하루 8시간 노동을 위한 총궐기의 날로 잡혔다. 미국 전역에서 파업이 있었다. 이 운동의 진앙인 시카고에서도 파업과 시위와 행진이 며칠째 이어졌다. 경찰은 물론 사설 경호회사인 핑커튼 대원들까지 파업을 저지하려 했다. 대체로 큰 사고 없이 진행되었지만 5월 3일에 시위대와 경찰이 충돌하면서 경찰의 총격에 노동자 두 명이 사망했다.

5월 4일, 헤이마켓 광장에 노동자들과 그들만큼의 경찰이 운집했다. 그러나 시위는 평화로웠다. 독일어판 《노동자 신문》의 편집자 오거스트 스피스가 연단에 섰다. "폭동을 일으키기 위해 우리가 이곳에 모였다고 보는 듯합니다. 그래서 '법과 질서'를 지킨다는 사람인 경찰이 전쟁을 하듯 대기하고 있습니다. 그러나 우리의 목적은 8시간 노동의 취지를 설명하려는 것뿐입니다."

군중이 너무도 조용해서 경계를 늦추지 않던 시장조차 일찍 귀가했다. 그러나 갑자기 경찰 병력이 연단으로 진군했다. 누군가 사제 폭탄을 던졌고, 이어진 총격으로 십 여 명이 사망했다. 언론은 노동운동을 강한 어조로 비판했고, 그런 분위기에서 재판이 벌어졌다. 누가 폭탄을 던졌는지 밝혀지지도 않은 상황에서 재판관은 7명의 무정부주의자에게 사형선고를 내렸다. 배심원단 대다수가 피고들에 대한 편견을 인정했음에도 재판은 그대로 진행되었다.

"우리를 처형해서 노동운동을 잠재울 수 있다면 처형하라. 우리의 침묵이 우리를 교살하는 당신들의 목소리보다 강력해질 때가 올 것이다." 스피스가 교수형 직전에 한 말이다. 메이데이가 슬픈 까닭이다.

키워드 근대 산업화 노동 권리 저항 탄압

헬렌 켈러

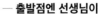

"소수가 모두의 생계 수단을 점유하기에 소수가 다수를 소유한다. 국가는 부자들, 회사, 은행가, 땅 투기꾼, 노동 착취자들 위주로 통치된다. 생계 수단의 소유와 통제라는 대다수 노동자의 정당한 요구가 최저점에 머물러 있는 한, 남성에게도 여성에게도 인권은 없다. 인류의 대다수는 나머지 극소수가 편히 살도록 하기 위한 기업의 박해로 말살된다."

우리의 불편한 현실을 지적하는 것 같은 이 말은 헬렌 켈러가 자서전에 썼던 내용이다. 우리에게 켈러는 시청각 장애를 감동적으로 넘어선 인물로 부각되어 있다. 그러나 그는 장애인은 물론 소외된 사람들을 위해 적극적인 행동에 나선 사회주의자이기도 했다. 사회당 대통령 후보인 유진 뎁스를 도왔던 켈러는 여성 참정권 운동에 열성적이었고, 인종차별과 아동 노동과 사형제도에도 격렬히 반대했다. 그런 견해가 드러나자 신문의 논조가 변했다. 장애를 극복한 켈러를 과도하게 칭찬하던 한 신문의 편집자는 "사회주의라는 켈러의 실수"는 그의 장애에서 비롯되었다는 글까지 썼다. 켈러는 오히려 "사회적으로 눈과 귀가 먼" 신문의 배후에 있는 자본을 옹호하던 편집자를 비판했다.

켈러의 위대함은 자신이 겪는 고통을 다른 사람들에게 반복시키지 않으려는, 남을 배려하는 마음에서 왔다. 그리고 그 출발점에는 앤 설리번이라는 시각 장애를 경험한 선생님이 있었다. 켈러는 글자가 어떤 사물을 가리킨다는 것을 이해하지 못했다. 한 달의 좌절 끝에 설리번은 켈러의 한 손엔 시원한 물을 흘려보내고, 다른 한 손엔 '물'이라는 글자를 써서 어린 켈러가 마음의 눈을 뜨게 만들었다. 선생님의 배려심이 함께 전달된 순간이었다.

사제지간을 넘어선 그들의 관계는 평생, 그리고 그 이후까지 이어졌다. 설리번은 켈러의 저술 활동을 도왔고, 시각 장애인을 돕기 위한 40여 개국의 해외 강연에 함께했다. 1968년 켈러가 사망한 뒤 그의 유골은 30여 년 전에 작고한 스승 앤 설리번의 묘소 옆에 안치되었다.

키워드 근대 교육 여성 인권 이념

프리드리히 니체

— 국가의 본질

니체는 유서 깊은 김나지움인 슐포르타에서 수학했다. 그곳은 프로이센식의 엄격한 교육 방침을 고수하며 피히테, 랑케, 뫼비우스 등 수많은 학자와 예술가를 배출한 명문이었다. 그는 특히 그리스 문화에 심취하여 테오그니스 폰 메가라라는 그리스 시인에 대해 라틴어로 졸업논문을 썼다. 이를 높이 평가한 스승 리츨 교수의 도움으로 니체가 학자로서 인정받게 되었으니, 이 논문이 그의 경력의 출발점인 셈이다.

이런 외형적 사실보다 중요한 것은 이 초기의 논문에 나타나는 지적 지향을 니체가 평생 유지했다는 점이다. 니체는 테오그니스가 평민이었다는 당시의 평가를 거부하고 그를 귀족으로 규정했다. 단, 신분적 위압을 과시하는 상류 계급이 아니라 끊임없는 자기 수련과 헌신적인 열정을 지켜나간 정신적 귀족이었다는 것이다. 그리스인들은 인간 정신의 고귀한 가치를 미덕으로 받아들이는 고결한 귀족을 숭배했다. 그런 귀족에 대한 니체의 믿음은 거의 20년 뒤에 쓴《차라투스트라는 이렇게 말했다》에서도 확인할 수 있다. 귀족은 인격적 차원의 지배자여야 한다는 것이다.

니체는 그리스인들의 국가관도 받아들여 플라톤의 이상 국가를 찬양했다. 플라톤은 맹목적인 대중이 국가의 존재 이유라고 파악하고 있는 야만적 외형은 결코 국가의 본질이 될 수 없다고 갈파했다. 합당한 국가는 인간의 존엄을 파괴하지 않는다. 국가는 윤리적·문화적 주체로서 인간이 스스로를 구원할 수 있는 기회를 제공해야 한다. 니체의 주장은 근대의 국가가 단지 이익 추구의 수난 정도로 격하되었다는 사실에 대한 뚜렷한 개탄이다.

이 땅에서는 국가를 사적 이익을 추구하는 출세의 터전쯤으로 여기는 자들의 욕망이 난무한다. 그 비천한 의식이 범람해서 그 길을 따르지 않는 사람들이 무능력자로 간주되는 세태에까지 이를까봐 두렵다. 되풀이되는 정부의 총체적 부실 인선이 그 대표적인 예다. 국가의 정의를 위해 반드시 쭉정이는 쳐내야 한다.

키워드 근대 철학 계급 국가 탐욕 정의

67

윌리엄 로이드 개리슨

— 불굴의 투사

윌리엄 로이드 개리슨은 평생을 흑인 노예 해방과 여성 참정권 획득에 헌신한 투사였다. 투사였다 해도 그는 비폭력 저항에 대한 신념을 굳게 지켰다. 그의 무기는 말과 글이었다. 자신의 주장을 펼치던 신문 기사와 연설의 언어는 거칠었지만, 그는 조금도 후회하지 않았다. 노예제 폐지론자로 다소 명성을 얻은 그는 주간지 《해방자》의 창간호에서 "나는 모호하게 말하지 않겠다. 나는 추호도 후퇴하지 않겠다"라고 천명했다.

이런 태도가 많은 충돌의 도화선이 된 것은 당연했다. 그는 미국 헌법에 다른 주로 도주한 노예를 출신 주에서 요구하면 인도해야 한다는 조항이 있다는 이유로 그것을 "죽음과의 서약, 지옥과의 합의"라고 비난하며 불태웠다. 그 조항을 노예제 반대 논리로 해석할 수 있다는 또 다른 노예제 폐지론자 프레더릭 더글러스와는 그렇게 결별했다.

보스턴에서는 강연장을 불태우겠다는 반대자들 때문에 강연이 취소되었다. 그들은 개리슨을 밧줄로 묶어 거리로 끌고 다녔다. 동료를 살해했다는 이유로 한 흑인 선원에게 사형이 선고되자, 그는 빈약한 정황 증거만으로 그런 판결이 난 것은 그가 흑인이기 때문이라는 기사를 썼다. 매사추세츠에서는 오래도록 사형이 집행된 적이 없었기에 결코 처형당하지 않을 거라는 그의 예상과 달리 구명 운동이 있었음에도 그 죄수는 교수대에 올랐다.

개리슨은 수감되기도 했고, 조지아 주에서는 현상금을 걸고 그를 수배하기까지 했다. 그는 욕설은 물론 끝없는 살해 위협을 받았지만 뜻을 굽히지 않고 노력을 이어갔고, 결국 노예제가 폐지된 뒤《해방자》를 폐간했다. 소임을 다했다는 이유였다. 그 뒤 그는 금주 운동과 여성 참정권 운동에 힘을 실었다.

이후 상원의원 한 석이 비자 여러 사람이 그가 그 직위를 이어받아야 한다고 추천했다. 그는 관직에 오르는 것에 대한 도덕적 거부감을 이유로 거절했다. 왜 내게는 이 판단이 그의 가장 빛나는 행적으로 보일까?

키워드 근대 노예 여성 저항 신념

68 프레더릭 더글러스

— 인간의 가능성

인간의 특성 가운데 하나는 잠재력을 계발하는 가능성에 있다. 특히 장애나 제약을 극복하고 가능성의 단계를 드높인 인간 승리자에게 우리는 존경에서 우러나오는 찬탄을 아끼지 않는다. 프레더릭 더글러스가 그런 인물이었다.

그는 미국에서 흑인 노예 문제가 가장 첨예했던 남북전쟁 시대의 갈등을 온몸으로 겪었다. 노예로 태어난 그는 독학으로 읽는 법을 깨쳤다. 지식이 자유에 이르는 길임을 절감했던 그는 주위의 노예들에게 성경 읽는 법을 가르쳤다. 글을 읽는 노예는 불평이 많고 자유를 찾는 경향이 있다고 경계하던 백인 농장주들이 이 일요일의 모임을 급습했다.

더글러스는 자유를 찾아 도주한 뉴욕에서 노예제 폐지론자인 개리슨을 알게 되었다. 이후 한 모임에서 뜻하지 않게 노예 경험을 말했던 그는 따뜻한 격려를 받았다. 결국 이 스무세 살의 청년은 조바심을 극복하고 훌륭한 연설가로 성장했다. 자서전도 세 차례나 냈는데, 어떤 사람은 흑인이 이렇게 유려한 글을 쓸 수는 없다며 그가 저자임을 의심했다.

유명해진 그에게 사람들은 아일랜드로 여행을 가라고 권했다. 이전 농장 주인이 자신의 '재산'을 되찾으려 할 거라는 불길한 예상 때문이었다. 차에서 백인 옆자리에 앉을 수도 있고, 같은 호텔문을 사용할 수도 있는 그곳에서 그는 처음으로 "색깔이 아닌 인간"으로 대접받았다. 영국인들이 모금하여 이전 소유주로부터 그의 자유를 사와 그는 비로소 법적 자유민이 되었다. 그는 영국에 남으라는 사람들의 요청을 뒤로하고 멍에를 쓰고 있는 300만 흑인 형제들을 버릴 수 없다며 미국으로 떠났다.

더글러스는 여성 문제에도 적극 개입했다. 여성의 정치 참여 옹호파와 반대파가 대립한 최초의 여성 참정권 모임에서 더글러스가 일어섰다. 그는 여성이 스스로 참정권을 요구하지 않으면 흑인도 투표권을 받아들일 수 없다고 말했다. "참정권을 거부하면 여성의 비하로 끝나지 않습니다. 정부의 도덕적·지적 능력의 절반이 손상받고 거부당하게 될 것입니다." 결국 그 모임에서는 여성 참정권 옹호안이 통과되었다.

키워드 근대 노예 여성 차별 저항 신념

빅토르 위고

— 여명

젊어서 보수주의자였다가 나이가 들어 진보로 돌아선 경우는 흔치 않다. 《레미제라블》과 《파리의 노트르담》을 쓴 대문호 빅토르 위고는 어머니의 영향을 받아 왕당파에 동조했다. 그러나 1848년의 혁명에서 일어났던 크고 작은 사건들은 그로 하여금 공화주의와 자유사상의 옹호자가 되도록 만들었다.

나폴레옹의 조카 루이 나폴레옹이 쿠데타를 일으켜 나폴레옹 3세로 황제의 자리에 오르자, 그는 망명길에 올라 거의 20년을 외국에서 보냈다. 황제가 대사면을 포고하여 귀국할 수 있었음에도 그는 거절했다. 고국으로 돌아가는 것은 정부에 대한 비판의 위축을 뜻했기 때문이다. 프로이센-프랑스전쟁에서 프랑스가 패배하여 나폴레옹 3세가 권좌에서 물러난 뒤에야 그는 고향으로 돌아갔다.

망명 생활을 하면서 그는 대작들을 집필했을 뿐 아니라, 인권과 사상의 자유를 위한 행동에도 앞장섰다. 특히 그는 사형제도에 반대했다. 그의 영향을 받아 제네바, 포르투갈, 콜롬비아의 헌법에서 사형제도가 없어졌고, 영국의 빅토리아 여왕은 반란 혐의로 기소된 아일랜드인 6명을 처형하지 않았다. 또한 그는 저작권을 확립해 문필가와 예술가의 권리를 보호했다. 그렇지만 작가는 대중의 바람을 반영해 작품을 만들기 때문에, 작가가 사망하면 그 권리는 대중에게 돌아가야 한다는 주장을 덧붙였다.

잘 알려지지 않은 그의 소설 중에 《웃는 남자》라는 작품이 있다. 어렸을 적 아버지의 정적에게 납치되어 부랑배에게 팔려 간 사람의 이야기다. 그의 입은 구걸을 위해 웃는 표정만 짓도록 수술되었다. 복권된 그가 의회에서 연설을 한다. "경들은 세력 있고 부유합니다. 매우 위험한 일입니다. 경들은 어둠을 이용하여 이득을 취합니다. 그러나 조심하십시오. 또 다른 거대한 세력이 있습니다. 그것은 여명입니다. 여명은 정복될 수 없습니다. 그것이 곧 도래할 것입니다." 그러나 의원들은 그의 진심을 듣지 않고, 변형된 얼굴을 보고 웃기만 한다.

키워드 근대 문학 작가 인권 자유

70

헨리 데이비드 소로

— **시민 불복종**

매사추세츠 주에 위치한 도시 콩코드는 미국 독립을 위한 식민 지협의회가 열렸고, 영국군과 첫 번째 교전이 벌어졌던 유서 깊은 장소다. 콩코드에는 주위가 숲으로 우거진 월든이라는 자그마한 호수가 있다. 헨리 데이비드 소로는 19세기 중엽 이곳에 움막집을 짓고 자연을 벗 삼아 2년 2개월 2일 동안 은둔 생활을 즐겼다. 소로는 대표작《월든》에서 자연과 조화를 이루는 단순한 생활을 예찬했다. 로버트 프로스트는 "이 책 하나로 소로는 우리가 미국에서 가졌던 모든 것을 뛰어넘었다"라고 말했다. 그래서 소로는 환경주의자의 선구로 추앙받는다.

그러나 그는 월든 호숫가에서의 생활보다 그곳에서 겪었던 사건의 결과로 후대에 훨씬 더 큰 영향을 미쳤다. 어느 날, 세무서 직원이 들이닥쳐 그에게 6년 동안의 인두세를 내라고 요구했다. 소로는 미국이 멕시코와 벌이는 전쟁은 물론 노예제도에도 반대하기 때문에 세금을 낼 수 없다고 항의했다. 그 결과 유치장에 갇히게 된 그는 자신의 뜻과 달리 숙모가 세금을 대신 내는 바람에 하루 만에 풀려났다. 하지만 그는 그 경험을 바탕으로《시민 불복종》이라는 책을 집필했다. 아주 간략하게 요점을 추린다면, 정당하지 못한 국가에 도덕적으로 반대하는 개인은 저항할 권리가 있다는 것이다. 이러한 그의 주장은 많은 사람에게 깊은 감명을 주었다. 톨스토이, 간디, 마틴 루서 킹 목사 같은 인물들이 소로로부터 받은 직접적인 영향을 언급하며 그가 제시한 정치사상을 다듬고 실천에 옮겼다.

정부에 대한 시민 저항운동의 성지인 월든 호수는 미국 정부에 의해 지금도 잘 보존되고 있어, 많은 사람이 찾는 유적지가 되었다. 그러나 우리 사회에선 정부에 저항하는 목소리를 미미하게조차 내기 어렵다. 시민 불복종이라는, 다른 곳에서는 숭상되는 정당한 주장도 이곳에선 검열과 감시의 대상이다. 기업의 부당한 처사에 고공에서 목숨을 걸고 항의하던 김진숙 민주노총 부산 본부 지도위원도 의사의 진찰보다 경찰의 연행 시도를 먼저 맞닥뜨려야 했다.

키워드 근대 문학 작가 환경 저항 권리 자유

71

엘리자베스 개스켈

— 메리 바턴

엘리자베스 개스켈은 영국 빅토리아 시대의 번영 이면에 존재
하던 사회적 갈등을 예리하게 포착하면서 특히 가난한 사람들
의 곤궁한 삶을 조명한 소설가다. 아이들을 키우며 주부로 살다
가 마흔이 다 되어 첫 소설을 탄생시킨 그를 단지 불리한 여건
에서 글을 썼기에 주목받는 아마추어 정도로 보는 시각이 있다.
그러나 《메리 바턴》이 나온 뒤 대문호 찰스 디킨스가 그의 문재
를 인정하여 13년간 자신이 주관하던 문예지에 연재 지면을 내
어준 사실로 보건대 그런 시각은 편견으로 인한 폄하임을 알 수
있다. 《남과 북》은 그 연재의 산물로 디킨스가 제목을 지어주기
까지 했다.

　개스켈은 산업혁명 시대의 실상을 찾으려는 역사가들이 가장
많이 찾는 소설가이기도 하다. 그는 디킨스나 칼라일보다 극빈
층의 삶에 훨씬 더 밀접하게 연결되어 있었기 때문이다. '맨체
스터 삶의 이야기'라는 《메리 바턴》의 부제는 새로운 산업화를

상징하던 도시 맨체스터에서 펼쳐지는 계급 간 시각의 차이를 암시한다. 개스켈은 상층부의 안락함이나 하층부의 비참함을 과장하지 않는다. 어느 쪽으로도 기울지 않고 당대의 현실을 그려냈을 뿐이다.

주인공 메리의 아버지 존 바턴이 노동계급의 굴욕과 고독에 대해 늘어놓는 장광설은 경청할 만하다. "일할수록 우리는 그들의 노예지. 우리 이마의 땀으로 그들의 재산을 쌓아놓잖아. 그러면서 우리는 디베스와 라자로처럼 건널 수 없는 세계에서 살고 있다니까. 그렇지만 나중엔 우리 운명이 더 낫지." '지금은 그들이 좋은 것을 모두 가졌지만 내세엔 그들이 고통을 당할 것'이라는 이야기를 줄곧 해대는 존에게 개스켈은 화자로서 신랄하게 목청을 높인다. "아직도 디베스와 라자로의 우화라니! 부자들이 가난한 사람들처럼 이 이야기에 사로잡혀 있다고 생각하는 건가?"

개스켈이 파악한 모든 사회악은 구성원 서로에 대한 무관심, 비극이라고도 말할 수 있는 무지에 뿌리를 둔 것이었다, 당연하게도.

키워드 근대 문학 작가 산업화 여성 계급

72

토머스 칼라일

— **영웅을 원해!**

영국의 역사가 토머스 칼라일은 영국이 인도와 셰익스피어 가
운데 하나를 포기해야 한다면 인도를 포기하는 게 낫다는 말로
유명하다. 그 말은 우리에게 잘 알려진 《영웅의 역사》에 나온다.
그 책 때문에 칼라일은 역사에서 영웅의 역할을 지나치게 강조
한다는 비판을 받기도 했다.

실상 영웅에 대한 칼라일의 생각은 초기 저작에서 밝힌 '의상
철학'의 내용이 반영된 것이다. 그 독특한 비유에서 '의상' 곧 옷
은 현실을, '몸'은 이상을 뜻했다. 옷이 몸을 가리기도 드러내기
도 하듯, 현실은 이상을 감추기도 하고 드러내기도 한다. 바꿔 말
해 물질세계는 그 배후에 놓인 정신적 질서가 눈에 보이게 드러
난 것이다. 칼라일이 주장하듯 인간이 본질적으로 정신적 존재
라 해도 그 본질은 물질세계를 통해서만 도달할 수 있다.

평범한 사람들은 옷만 볼 뿐 몸을 보지 못한다. 옷 뒤에 숨어
있는 몸인 정신적 실재를 알아볼 수 있는 사람이 영웅이다. 칼

라일의 영웅은 "사물의 내적인 세계, 곧 진실하고 신성하며 영원한 것 속에 사는 사람"이다. 영웅은 그 몸을 보지 못하는 사람들이 볼 수 있도록 이끌고 가르쳐야 한다. 그래야만 물질세계에 살아가는 대다수 사람들이 그 배후에 존재하는 정신적 질서를 향해 나아가려고 진지한 도덕적 노력을 할 수 있기 때문이다.

단지 왕의 옷을 입기만 한 가짜 영웅도 있다. 종들은 가짜 영웅의 지배를 받아들인다. 그러니 그 세상이 그의 것이요, 그가 그들의 세상이다. 그 세상을 피하려면 무엇이 진실인지를 꿰뚫어 거짓을 알아채야 한다. 칼라일은 말한다. "우리는 진정한 지배자인 영웅을 한층 잘 알아봐야 한다. 아니면 영원히 영웅이 되지 못하는 자의 지배를 받아야 하기 때문이다. 거리 모퉁이마다 투표함이 있어도 그것으로는 바로잡을 수 없다." 몸을 감추는 가짜가 아니라 몸을 보여줄 진짜 영웅의 세상을 고대한다.

키워드 근대 역사가 지도자 우중 위선·기만 선거

73 오귀스트 콩트

─ 사랑이 깊으면

산업혁명은 농업사회였던 유럽을 산업사회로 변모시켰다. 가혹한 노동조건이나 새로운 환경문제 같은 어두운 면이 없진 않았다. 하지만 산업혁명이 초래한 물질적 풍요는 과학과 기술에 대한 사람들의 신뢰를 높였다. 그것은 과학과 기술이 사회의 발전을 가져오고 더 나아가 참된 지식의 원천이 되리라는 낙관주의적 사조인 실증주의로 이어졌다.

과학의 방법을 '세계 연구'에 적용해야 한다는 의미로 '실증주의'라는 말을 쓴 인물은 유토피아 사회주의자 생시몽이었다. 생시몽은 그 세계가 정치, 사회, 교육, 종교 등의 영역을 포함하며, 그 연구가 개혁을 가져다주리라고 확신했다. 그렇지만 실증주의 철학을 체계화해 논리적 극단으로 몰고 간 사람은 생시몽의 제자이자 동료였던 오귀스트 콩트였다.

콩트는 인간 정신이 신학, 형이상학을 거쳐 과학, 즉 실증의 단계로 발전한다고 주장했다. 신학의 단계에서는 자연이나 사회현상을 초자연적 절대자의 의지가 발현된 것으로 파악한다. 콩트는 형이상학의 단계로 접어들어도 초자연적인 힘이 추상적인 개념으로 바뀐 것일 뿐, 본질적인 변화는 없다고 주장한다. 과학의 단계에 도달해야 비로소 사람들은 구체적 현상을 정확하게 관찰하여 그 현상을 지배하는 일반 법칙을 찾으려 한다는 것이다.

감정은 구체적 관찰이 불가능하기에 콩트의 체계에서 존립할 근거가 없어 보인다. 그런 콩트가 한 여인을 만났다. 클로틸드 드보였다. 한눈에 반한 콩트는 열렬한 사랑의 편지를 보냈다. 불한당 같은 남편과 별거 중이지만 이혼까지 이르지 못했던 드보는 독실한 가톨릭 신자로서 콩트의 구애를 거절했다. 편지만은 주고받았던 드보는 1년 뒤 결핵으로 사망했다. 연애의 감정은 콩트를 변화시켜 '인류교'라는 새로운 종교를 창시하게 만들었다. 그 종교의 달력에서는 성 클로틸드 축일을 기념한다.

사랑도 과하면 좋지 않은 것이기에 친구였던 공리주의자 스튜어트 밀은 인류교를 창시한 콩트를 '나쁜 콩트'라고 불렀다.

키워드 근대 철학

74

그늘 속의 아이들

— 아동 노동을 고발하다

산업혁명이 사람들의 삶을 전반적으로 풍요롭고 편리하게 만들었다는 사실에는 토를 달 일이 없다. 그러나 거기에도 노동조건 악화와 환경오염 같은 그늘이 있었고, 그 그늘 속에 아이들이 있었다. 자본가들은 값싼 임금 때문에 아동을 고용했고, 그 착취의 현장에서는 학대도 빈번하게 일어났다.

찰스 디킨스처럼 사태의 심각성을 몸소 겪거나 간접적으로 알게 된 작가들이 소설을 통해 산업혁명 시대 영국 노동 현장의 참상을 고발했다. 그러나 그 어느 작품보다도 생생한 고발은 의회 청문회에서 있었던 증언이다. 최대 하루 19시간 일하던 아이들에게 식사 및 휴식을 위해서는 단 1시간이 주어졌다. 한 끼 식사비밖에 되지 않는 임금조차 지각을 하면 4분의 1로 줄었다.

그뿐 아니라 지각에는 매질이 뒤따랐다. 자녀들을 공장에 보낸 한 증인은 매질이 있었느냐는 질문에 모두가 맞았다고 확언했다. 특히 그의 맏딸이 한 말은 언어도단의 경지에 달했다. "감독이 혁대로 때렸어요. 그렇지만 찾아가서 말하지 마세요. 그러면 일자리를 잃어요." 한 어린 노동자는 아이들의 울음소리가 들리지 않은 적은 한순간도 없었다고 증언했다. 그럼에도 누적된 피로는 다음 날 아침, 지각이라는 악순환으로 이어졌다.

자본가들은 그 증언들이 일방적으로 편향된 것이며 반대 증언을 얼마든지 제시할 수 있다고 항변했다. 19세기 초에 노예제 폐지라는 개가를 올렸던 국회의원들조차 사라진 노예 노동력을 아동 노동력으로 대체하지 못하면 경쟁 국가에서 반사 이익을 얻을 것이라며 자본가의 편에 섰다. 그럼에도 마이클 새들러 같은 의원들의 꾸준한 노력에 힘입어 1833년부터 아동과 부녀자의 노동시간을 제한하는 노동법이 제정되었고, 결국 노동환경 조건을 개선하는 법령까지 만들어졌다.

역사책마다 산업혁명 시기 영국의 아동 노동을 고발하곤 하는데, 유치원에서 무자비한 폭력이 벌어지는 우리 사회에서 그것을 거론할 자격이 있을지…….

키워드 근대 산업화 노동 인권 권리

75
톨퍼들의 영웅들

— 노동자의 죽음에 관심을

최소한의 생존권을 위해 정리 해고에 반대하던 노동자들이 스스로 목숨을 끊는 일이 늘어난다. 그들을 위한 분향소마저 공권력에 의해 철거당할 위협을 받는다. 우리의 이런 현실을 부끄럽게 만드는 사례가 있다.

1830년대 산업혁명이 혜택뿐 아니라 폐해도 드러낼 당시 영국 도싯 주의 톨퍼들이란 마을에서 일어난 일이다. 개혁법은 선거권을 확대시켰지만 아직 보통선거에는 이르지 못했고, 기계화 때문에 농업 노동자의 임금마저 점차 삭감되던 상황에 저항하던 농부 여섯이 친우회를 조직했다. 일주일의 임금이 7실링으로 낮아졌고 곧 6실링으로 더 내려간다는데, 그들은 오히려 10실링 이하로는 일하지 않겠다고 선언했다.

지역의 지주가 수상 멜번 경에게 불만을 토로했다. 그는 사람들이 서로 간에 서약하는 것을 금지하는, 거의 폐기된 1797년의 법안을 상기시키며 그들이 이 법을 어겼다고 주장했다. 농부 여섯 명은 체포되어 7년 동안 오스트레일리아 유배형을 받았다.
주도자인 조지 러블리스 목사는 배 위에서 "우리는 자유라는
구호를 드높인다/우리는, 우리는, 우리는 자유로울 것"이라고
끝나는 시를 썼다.

이들은 영웅이 되었다. 석방 탄원 서명이 80만 명을 넘었다.
지지자들의 런던 시위행진은 목적을 이룬 최초의 시위 사례로
꼽힌다. 전과가 있던 한 명을 제외하고 모두 돌아왔다. 그 한 명
도 이듬해에 석방되었다. 돌아와 천수를 누린 그들은 '순교자'
라는 칭호를 받았다. 인구 300명 남짓의 톨퍼들은 노동운동의
명소가 되어 해마다 노동조합의 깃발을 들고 행진하는 축제가
열린다. 톨퍼들에는 그들의 업적을 기리는 박물관도 세워졌다.

냉대보다 더 잔혹한 것은 무관심이다. 쌍용자동차와 한진중
공업 노동자들의 죽음에 옷깃을 여미는 최소한의 예의는 지켜
야 하지 않겠는가. 관심을 촉구하는 언론 종사자들마저 파업을
해야 하고, 그조차 외면하는 이곳의 주류(?) 언론은 야만의 얼굴
을 하고 있다.

키워드 근대 산업화 노동 권리 저항

쥘 미슐레

쥘 미슐레는 19세기 프랑스를 대표하는 역사가다. 30년에 걸쳐 집필한 《프랑스사》는 사학사의 기념비라 할 수 있다. 그밖에도 잠바티스타 비코의 《새로운 학문》을 프랑스어로 번역하는 등 정력적인 학문 활동을 펼쳤다. 공로를 인정받아 1838년부터 명성 높은 프랑스 대학에서 강좌를 맡았다. 국가가 지원하는 연구 기관이자 일종의 평생교육원인 프랑스 대학은 탁월한 학자들을 선정해 입학 절차와 수강료 없이 대중에게 수강 기회를 제공한다.

미슐레는 고문서에 파묻혀 고고하게 연구에 몰두하는 학자가 아니었다. 그는 사회의 모순을 직시하며 대안을 제시하는 지식인이었다. 당시 프랑스에선 교회가 권위를 새롭게 확립해야 한다며 제수이트 교단이 보수 세력의 선봉에 섰다. 미슐레는 프랑스 대학의 강좌를 이용해 제수이트 교단의 비판에 나섰다. 그의 강의는 큰 호응을 얻었으나, 열정적 언설의 파급력을 두려워한

166

기존 권력의 개입으로 중단되었다. 마지막 강의를 들으려고 모인 1,500명가량의 지지자에게 그는 삶의 마지막 순간까지 마음을 쏟아내어 결코 실망시키지 않겠다고 약속했다.

그 결과의 하나가 《민중》이라는 저서였다. 이 책은 미슐레의 역사관을 뚜렷이 보여준다. 길지 않아도 미슐레가 평생 해왔고 하려 했던 일들을 집약적으로 보여준다는 평가를 받는 책이다. 그는 인간이 주체가 되는 역사를 쓰려 했다. 그에게 인간을 분류하는 기준은 헌신과 희생의 능력이다. 그 품격을 많이 가진 자일수록 영웅에 가깝다. 미슐레는 부유한 계급에서는 그 품격을 찾기가 어렵다는 것을 인간에 대한 오랜 연구 끝에 알았다고 말한다. "역병 콜레라가 돌 때 누가 고아들을 입양했는가? 가난한 자들이다."

핍박받고 소외된 계층에 대한 무한한 사랑을 역사 서술로 실천한 미슐레를 알려주고 싶은 자들이 이 땅에는 많다. 부유층 거주지에 살며 다른 지역을 차별하는 망언을 내뱉는 공직자들이 바로 그들이다.

키워드 근대 역사가 역사관 민중 교육 실천

77

피히테

― 한국 국민에게 고함

요한 고틀리프 피히테는 독일 관념 철학의 계보에서 칸트의 이론을 발전시켜 헤겔에게 넘겨줬다고 인정받는다. 요즘에는 그런 교량의 역할을 넘어, 자의식이 본질적으로 사회적이라는 통찰이 갖는 독창성 때문에 그 자신이 정당한 연구의 대상이 되고 있다. 그렇지만 "이 세상에 자신의 저서를 이해할 수 있는 사람은 하나밖에 없는데, 때때로 그 사람마저도 본의를 놓치고 있는 것 같다"라고 스스로 인정했듯이 그의 철학은 난해하다.

그 때문인지 사람들은 '독일 국민에게 고함'이라는 애국적인 연설로 그를 기억하는 경우가 많다. 1807년 독일연방의 한 축인 프로이센은 나폴레옹에게 패배하여 굴욕적인 강화조약을 맺었다. 프랑스의 속국처럼 바뀌어 절망하던 베를린 땅에서 1808년 피히테는 독일 국민의 각성을 촉구하는 명연설을 남겼다. 그는 독일 패배의 근본 원인은 이기심이며, 새로운 국민교육을 통해 그것을 타파해야 한다고 주장했다. 그 결과로 민족의식이 깨어나야 독일 국민은 독립을 되찾고 세계사에서 하나의 민족으로 참된 기능을 발휘할 수 있다는 것이다. 특히 그는 교육받은 문화적 엘리트가 담당해야 할 몫을 강조했다.

사회과 학습 지도서에 독도를 일본 땅이라고 표기하겠다는 일본 총리에게 "지금은 곤란하니 기다려달라"라고 말했다는 '두꺼운 얼굴'의 대통령이 있는 나라에서, 어느 초인이 나타나 '한국 국민에게 고함'이라는 사자후를 토하게 되기를 염원한다. 그러나 이 땅에는 독립군을 테러리스트라 부르고 친일파를 미화하며 문화적 엘리트를 자처하는 이들이 있다. 독립 투쟁의 기록을 우리 역사에서 말살하려는 행태를 버젓이 저지르는 국가가 어떤 역사를 자랑할 수 있을까?

지원을 끊은 정부에 맞서 민간단체의 난관을 무릅쓰고 우리 역사를 바로 세우려는 '민족문제연구소'에 더 많은 관심이 있기를 기원한다. 그들의 노력이야말로 우리가 경청해야 할 '한국 국민에게 고함'이기 때문이다.

키워드 근대 철학 국가 애국 역사관

78 니콜라 드 콩도르세

— **투표의 역설**

콩도르세는 적분학에 관한 논문으로 경력을 시작한 계몽사상
가였다. 수학자로서 세계적 명성을 쌓은 그는 경제학자 튀르고
와 친구가 되었다. 루이 15세와 16세 통치 아래에서 높은 관직
에 있던 튀르고를 통해 파리 주조국 조사관으로 임명된 콩도르
세는 점차 철학과 정치에 관심을 갖게 되었다. 그는 인권에 관
심이 높았는데, 특히 흑인과 여성의 권리를 옹호했다. 그것은
계몽사상가들 사이에서도 매우 진보적인 행동이었다.

  프랑스혁명 때는 온건파로서 의무교육과 여성 참정권을 강조
하는 헌법 초안을 작성했으나 과격파가 다수를 점령한 의회에
서 부결되고 말았다. 루이 16세에 대한 재판에는 찬성했지만 처
형에는 반대했고, 과격파의 헌법에 반대한 이유로 '반역자' 낙
인이 찍히기도 했다. 반년 남짓 도피한 기간에 쓴《인간 정신의
진보에 관한 역사적 개요》는 체포된 지 이틀 만에 의문의 죽음
을 맞은 그의 유작이 되었다. 그 책은 계몽주의 역사관을 뚜렷

이 드러낸다.

그는 여기에서 진보의 개념을 설파한다. 인간은 지식을 축적하고 공유함으로써 자연계에 대한 모든 사실을 이해할 수 있다. 자연계에 대한 개명은 사회와 정치 세계에 대한 개명의 욕망을 촉진한다. 완벽한 인간 존재는 없기에 인류의 진보는 불가피하게 지속되어야 한다. 인간은 완벽한 이상 사회를 향해 계속 진전해야 한다. 그것이 가능하려면 인종, 종교, 문화, 성별과 관계없이 연합해야 한다. 바로 그런 이유에서 여성을 포함한 모든 국민이 무상교육을 받아야 한다. 그의 최후작도 데뷔작과 마찬가지로 적분학이었던 것이다.

한편, 그는 '투표의 역설'이라고 불리는 '콩도르세의 역설'로도 유명하다. 그는 셋 이상의 대상을 두고 투표하면 투표자들의 진의를 결과에 반영하지 못할 수 있음을 확률적으로 증명했다. 투표에서 민의를 제대로 반영하려면 후보의 난립을 막아야 하는 이유가 여기에 있다. 미국의 양당 구도가 좋은 예다.

키워드 근대 철학 계몽 인권 선거

79
리처드 프라이스

— 옳은 애국

리처드 프라이스는 영국의 목회자이자 정치철학자로, 미국의 독립전쟁을 옹호하는 소책자를 통해 일약 유명해졌다. 그러나 그는 단지 지명도를 높이려고 그런 행동을 한 것이 아니었다. 그에게는 진리와 미덕과 자유에 대한 확고한 신념이 있었고, 18세기에 북미 대륙과 유럽에서 일어난 대변혁을 겪으며 그는 일관된 모습을 드러냈다.

1789년 11월, '런던 혁명협회'에서 프라이스는 프랑스혁명이 거의 정확하게 100년 전 영국에서 일어났던 '명예혁명'의 정신을 계승한다고 설교했다. '명예혁명'이 계몽된 사상을 전파해 프랑스혁명을 위한 길을 깔아놓았으며, 사람들은 '국가'라는 편견에서 벗어나 '보편적 참된 의지'를 포용해야 한다는 것이다. 그 '참된 의지'는 국경을 초월하는 것이어서, 영국 국민도 프랑스혁명의 진보 정신을 지지해야 한다고 했다.

프라이스에 따르면, 참된 애국이란 우리가 태어난 국토가 아니라, 같은 법의 보호를 받으며 구성원이 된 공동체를 사랑하는 것이다. 모든 가족이 같은 가치를 지니듯, 어떤 나라가 다른 나라보다 더 큰 가치를 지닌다고 상정할 수는 없다. 따라서 사람들이 흔히 애국이라고 여기는 국토 팽창에 대한 욕망은 다른 나라를 지배하려는 정복욕에 불과하다. 그것은 맹목적이고 편협한 논리로서, 인류 공동의 권리와 자유를 침해함과 동시에 다른 나라에 대한 경멸감을 부추길 뿐이다.

사람은 축복받은 세 가지 인간 본성인 진리와 미덕과 자유를 실천하는 나라를 사랑해야 한다. 진리를 위해 우리는 독재자에게 가축 취급을 당하는 사람들을 계몽하여 인간답게 행동하도록 해야 한다. 미덕으로 그 진리를 정의롭게 만들어야 한다. 정의가 없는 지식은 악마를 만들 뿐이다. 진리를 통해 계몽되고 미덕을 통해 정의로워짐으로써 자유로운 나라가 되어야 한다. 자유로운 나라에서는 권리의 침해를 받아들이지 않으며, 독재자에게 굴복하지 않는다.

키워드 근대 정치 철학 애국 권리 정의 자유 계몽

80 임마누엘 칸트

― **감히 알려고 하라**

임마누엘 칸트는 1781년에 《순수이성비판》을 발표했다. 그는 이 책에서 '나는 무엇을 알 수 있는가?'라는 물음에 답하며 영국의 경험론과 대륙의 합리론을 종합하는 철학 체계를 내세웠다. 1788년에는 《실천이성비판》을 통해 '나는 무엇을 해야 하는가?'라는 물음에 답하며 정언명령을 행동에 옮겨야 할 근거를 제시했다. 그 두 저작 사이인 1784년에 칸트는 '계몽이란 무엇인가?'라는 질문에 답하는 논문을 썼다.

칸트에게 계몽이란 미성년에서 벗어나는 것이다. 이는 자연적인 나이로 성년에 도달하는 것이 아니다. 자신의 정신을 사용하려는 용기를 갖지 않는 사람은 언제나 스스로 부과한 미성년의 상태에 있다. 그리하여 칸트는 로마시대의 시인 호라티우스의 경구를 인용하며 "사페레 아우데! 감히 알려고 하라. 당신의 이해력을 사용할 용기를 가져라"라고 주문한다. 그것이야말로 계몽의 구호이기 때문이다.

그렇다면 '사페레 아우데'라는 구절은 순수이성과 실천이성을 결합한 것으로 보인다. 머리로 아는 것이 중요할 뿐 아니라 가슴으로 그것을 실천하려는 용기를 가져야 한다고 설파하기 때문이다. 왜 그 일을 해야 하는가? 칸트는 거기에 대해서도 답을 내놓았다. 지배자가 되려고 하는 자는 사람들을 유순하고 어리석은 가축으로 만들어야 한다. 사람들이 비판 의식을 갖게 되면 위험하기 때문이다. 그런 이유에서 지배자들은 계몽에 이르는 길이 험난할 뿐 아니라 위험하다고 강조하면서 자신들이 그 어려운 일을 도맡아 해주겠다고 나선다.

칸트는 마치 오늘날 우리 사회를 보며 말한 것 같다. 교육과정을 개악해 자라나는 새싹들이 참된 지식을 알지 못하도록 만들고 있다. 방송과 언론을 장악해 진실을 은폐하거나 왜곡한다. 정말로 우리 사회는 알기 위해 용기가 필요한 시대로 접어들었다.

키워드 근대 철학 계몽 은폐 왜곡 권리

81 피에르 보마르셰

— 피가로의 결혼

피에르 보마르셰의 경력은 시계공, 발명가, 음악가에서 출판업자, 외교관, 혁명가에 이르기까지 화려하다. 그렇지만 사람들은 세비야 출신 이발사 피가로에 대한 삼부작 희곡작가로 가장 많이 기억한다. 그중 두 번째 작품인 《피가로의 결혼》은 특히 프랑스혁명의 전조였다는 평가를 받는다.

《피가로의 결혼》은 1781년에 완성되었다. 그러나 이 작품을 읽은 프랑스 왕 루이 16세는 귀족에 대한 풍자를 못마땅하게 여겨 공연을 금지했다. 검열에 통과하기 위해 3년 동안 수정 작업을 거친 뒤 1784년 이 작품이 무대에 올랐다. 수정을 했음에도 이 연극의 많은 부분에서 귀족에 대한 도전을 찾을 수 있다. "당신들 대영주는 신분, 재산, 지위를 자랑스러워하지요! 그러나 태어나는 고통을 빼면 그 축복을 받기 위해 당신들이 한 게 무엇인가요?"

이런 명확한 조롱에도 연극에 박수를 치고 2년 뒤 모차르트가 오페라로 올린 공연에도 갈채를 보내던 사람들은 다름 아닌 귀족이었다. 신부의 몸을 신랑보다 영주가 먼저 경험해야 한다는 봉건적 초야권을 행사하려던 주인의 의도를 용기와 기지로 무산시키고 피가로는 결혼에 성공한다. '피가로의 결혼'은 하인과 주인이 평등해질 시대의 예고였다.

왕비 마리 앙투아네트를 비롯해 이 연극에 열광하던 귀족들과 달리 루이 16세는 여기에 내포된 위험성을 감지하고 있었다. 그는 "만일 이 연극이 공연된다면 바스티유가 무너질 것이다"라며 베르사유 궁에서 연극을 낭송하려는 계획도 취소했다. 그러나 보마르셰는 호언장담하며 돌아다녔다. "국왕이 《피가로의 결혼》 공연을 원하지 않는다면, 바로 그 이유 때문에 그것은 공연되어야만 한다."

키워드 근대 문학 작가 풍자 혁명

82 토머스 페인

미국이 영국으로부터 독립을 쟁취하려던 시절 영국인이면서도 미국의 독립에 결정적으로 기여한 인물이 있었다. 토머스 페인 은 《상식》이라는 소책자를 통해 미국이 독립국이 되어야 할 당 위성을 설파했다. 더 많은 사람이 쉽게 이해할 수 있도록 라틴어 문구를 빼고 평이한 말로 쓴 그 책은 출간된 해에 무려 50만 부 가 팔려나갔다. 식민지 인구가 300만에 불과하던 당시로서는 경이로운 숫자였다.

그는 입헌군주제를 위한 로크의 이론을 설명하면서 그보다 한 발 더 나아갔다. 로크는 의회에서 법을 만들고 왕이 그것을 실행 하는 체제라면 왕의 권한이 제한을 받기에 독재가 될 수 없다고 했다. 그러나 페인에 따르면 왕이 존재하는 한 권력이 그에게 집중될 가능성이 크기에 입헌군주제도 위험하다는 것이다.

그는 영국의 지배에 저항하는 식민지인들이 공감할 만한 논 리를 쉽게 풀어냈다. 섬이 대륙을 지배하는 것은 부조리하다.

미국은 유럽 여러 나라 사람들이 모인 곳이기에 대영제국의 일부가 아니다. 영국이 모국이라고 인정하더라도 '자식'을 그렇게 냉혹하게 차별하는 어머니는 자격이 없다. 이런 논리들이 독립을 원하는 계몽된 식민지 주민들을 사로잡아 그 책이 큰 성공을 거둔 것이다.

그는 《상식》을 통해 받은 인세 전액을 조지 워싱턴의 독립군에 기부하여 자신의 '상식'을 지켰다. 그 행동이 자신의 명예를 더욱 높이리라 여겼다. 이런 행동이 바탕이 되어 미국은 왕이 아니라 국민이 뽑은 대통령이 나라를 다스리는 민주공화국을 수립했다. 그것이 독립을 쟁취하려는 미국의 전쟁을 독립 '혁명'이라고 표현하는 이유다. 랑케는 이것이 세계사에서 중요한 사건의 하나라고 말했다.

우리 사회에서는 선거가 상식과 몰상식의 싸움이 된 지 이미 오래다. 가진 자들이 없는 자들을 핍박하고, 정부가 개입하여 양심과 학문의 자유를 짓밟고 역사를 왜곡하는 몰상식이 만연해 있다. 부디 건전한 상식이 몰상식을 몰아내기를 염원한다.

키워드 근대 식민지 독립 저항 혁명 선거

83 애비게일 애덤스

— 이쯤은 해야 퍼스트레이디지

존 애덤스는 워싱턴 미국 초대 대통령의 부통령으로 봉직한 뒤 제2대 대통령이 되었다. 그래서 부인 애비게일은 미국의 첫 번째 세컨드레이디(부통령 부인)이자 두 번째 퍼스트레이디라 불린다. 아들 존 퀸시 애덤스는 제6대 대통령이었다. 남편은 정무 때문에 집을 떠나는 일이 많았다. 애비게일은 남편에게 보낸 편지에서 정치를 포함한 여러 문제에 조언했고, 남편은 그것을 잘 받아들였다.

미국이 영국의 식민지였을 때, 재정 적자에 허덕이던 영국은 식민지 주민도 영국 시민이기에 세금을 내야 한다며 새로운 세원을 만들려 했다. 식민지 주민들은 영국 의회에 자신들을 대변하는 의원이 없으니 '대표 없는 과세 없다'고 반발했다. 그들의 저항은 보스턴 차 사건으로 이어졌다. 인디언 복장으로 위장한 시민들이 영국 선박에 올라 영국 세금이 부과된 차 수백 상자를 바다에 내던진 것이다.

영국은 보스턴 항구를 폐쇄하는 등 식민지에 압박을 가했다. 식민지에서는 대표자들이 모여 대륙회의를 개최하며 식민지의 자유와 권리를 지키려 했다. 존 애덤스는 대륙회의가 열린 필라델피아로 떠났다. 가정과 농장 일을 거의 홀로 도맡아 하며 여섯 명의 자녀와 손주들까지 키운 애비게일은 외지에 있던 남편에게 편지를 보내곤 했다.

한 편지에서는 '대표 없는 과세 없다'는 정치적 구호에 절묘하게 빗대어 여성의 권리를 옹호했다. "남편들 손에 무제한의 권력을 쥐어주지 마세요. 부인들에게 관심을 보이지 않으면 우리는 반역을 꾀할 겁니다. 우리의 목소리를 대변할 수 없는 법, 즉 우리의 대표가 없는 법은 따르지 않을 겁니다." 다른 편지에서는 노예제를 비판했다. "동료 인간들에게서 자유를 박탈하는" 미국인들이 외치는 "자유를 위한 열정"은 의심할 수밖에 없다는 내용이었다. 글 쓰는 법을 배우고 싶다는 흑인 소년을 이웃의 반대를 무릅쓰고 학교에 보내기도 했다.

진정한 퍼스트레이디, 일급의 부인이라 부르고 싶다.

키워드 근대 정치 여성 노예 노블레스 오블리주

84
에드먼드 버크

— **원조 보수주의자**

에드먼드 버크는 특이한 삶을 산 영국의 정치가다. 영국 자유당의 전신인 휘그당의 국회의원으로 미국의 독립혁명을 지지했지만, 프랑스혁명에는 반대하며 오히려 당 내부에 보수주의 파벌을 만들었다. 오늘날에는 근대 보수주의의 철학적 기반을 제공한 인물로 평가받는다.

먼 아메리카 대륙에서 벌어지는 일보다는 가까운 프랑스에서 일어난 민중의 폭동이 더 직접적인 위협이라고 생각해 프랑스혁명에 대한 초기의 지지를 철회했을지 모른다. 어쨌든 마리 앙투아네트는 민중의 폭력에 조소를 보낸 버크의 〈프랑스혁명에 관한 고찰〉에서 자신을 찬양하는 구절을 읽고 감격의 눈물까지 흘렸다.

정치 노선을 갈아타는 데 갈등이 없진 않았다. 영국에서는 휘그당 의원들이 전제군주를 내쫓고 입헌군주제를 확립한 명예혁명의 뜻을 보존하려고 '혁명협회'를 결성했다. 프랑스혁명이 발발하자 협회의 한 대표자인 프라이스 박사는 보편적인 인간의 권리는 국경을 넘어서는 것이라서 한 국가의 법보다 우월하므로, 거기에 비추어 영국민은 스스로를 "특정 국가의 구성원이라기보다는 세계의 시민으로" 간주해야 한다고 연설하며 혁명의 보편적 가치를 옹호했다.

〈프랑스혁명에 관한 고찰〉은 이에 대한 반발이었다. 그는 명예혁명이 영국 역사에서만 특수하게 나타난 상황임을 강조했다. 명예혁명의 결실은 선조로부터 이어받은 영국민의 유산으로서, 명예혁명의 바탕이 된 중요 문서인 〈권리청원〉에 있는 "국민은 이러한 자유를 물려받았다"라는 구절이 그 근거라는 것이다. 그렇듯 구체적으로 영국적인 권리를 추상적인 '인권'으로 대체하며 혁명협회 인사들이 오도했다고 밝혔다. 하지만 자신을 포함해 주변 친척들까지 금전과 관련된 추문에 연루되지 않았다면 더 빛을 발할 논리였다.

그 원조 보수주의자조차 "악을 낳을 가능성이 있는 것은 정치적으로 허위이며 선을 낳는 것이 진리"라고 설파했음을 이 땅의 자칭 보수주의자들은 명심하기를.

키워드 근대 정치 국가 혁명 이념

볼테르

― **종교적 관용**

볼테르는 대상이 누구건 부당함을 느끼면 독설을 퍼부어 투옥된 일이 부지기수였다. 후견인인 오를레앙 공과 호의로 초청했던 프리드리히 대제는 물론이고 서슬 퍼런 가톨릭교회도 그의 비판에서 벗어날 수 없었다. 시, 희곡, 소설, 역사 등 그의 다양한 글에는 기지와 재치가 넘친다. 그것은 가시가 돋친 재치로서, 표현의 자유에 대한 억압과 종교적 독단이 있는 곳이면 그는 위험을 무릅쓰고 관용을 역설했다. 그가 특히 존경을 받는 것은 자신의 견해를 행동으로 증명했기 때문이다.

프랑스는 가톨릭 국가로 알려져 있지만 그곳에도 개신교도는 있었다. 소수의 그들에게는 유무형의 박해가 가해졌다. 그것이 극적으로 드러난 사건이 툴루즈의 시민 장 칼라스에게 가해진 거열형이었다. 개신교를 믿던 늙은 상인, 칼라스의 아들이 자살했다. 아들에게는 도박 빚 등 개인 사정이 있었다. 아들이 목을 매어 세상을 하직한 현장을 목격한 부모는 울부짖으며 의사를 부르고 치안판사에게 신고했다.

그러나 맹신에 빠져 있던 한 무리의 툴루즈 군중이 아들이 가톨릭으로 개종하려 했기 때문에 홧김에 칼라스가 아들을 살해했다고 외치기 시작했다. 군중심리는 걷잡을 수 없이 퍼졌고, 교회와 행정관마저 가세했다. 증거가 없기에 자백을 받아내려고 혹독한 고문이 가해졌으나 칼라스는 끝까지 결백을 주장했다. 수레에 묶여 사지가 찢겨 죽는 순간에도 그의 주장엔 변함이 없었다.

소문을 접한 볼테르는 처음에 칼라스에게 혐의를 두었다. 그러나 냉정하게 사실을 확인하여 칼라스의 무죄를 확신한 볼테르는 그 증명에 나섰다. 재판의 부당성을 조목조목 짚어나간 《관용론》이 유럽 지식인들의 호응을 이끌었고, 국왕이 나서 재개된 재판에서 사후에나마 칼라스의 무죄가 확정되었다. 그의 가족은 보상을 받았고, 툴루즈의 치안판사는 파면되었다. 볼테르는 묻는다. "관용과 신앙의 자유가 끔찍하다고 주장하는 사람들이 있다. 그러나 관용과 신앙의 자유가 재앙을 초래한 적이 있었는가?"

키워드 근대 종교 자유 관용

86 장 자크 루소 I

— 시민 종교

장 자크 루소의 말년은 친교를 맺었던 계몽철학자들과 결별하는 일로 얼룩져 있다. 루소와 볼테르의 불화는 잘 알려져 있지만, 그를 잘 이해하던 디드로와도 논쟁 끝에 헤어졌고, 모두에게 소외된 루소를 끝까지 감싸며 영국으로 초청했던 흄마저도 마지막엔 그가 어느 정도 제정신이 아님을 인정했다. 루소는 사람들이 자신을 겨냥해 음모를 꾸미고 있다는 망상에 시달리며 은둔 생활을 하다가 삶을 마쳤다.

그의 피해망상으로 인한 신경쇠약에는 개인의 괴팍한 성격이나 병력쯤으로 치부해버릴 수 없는 사회적 원인이 있었다. 루소는 《에밀》과 《사회계약론》에서 기독교의 핵심인 원죄설과 계시신앙을 부정하는 요인을 내포하는 '시민 종교'의 필요성을 역설했다. 그 결과 가톨릭과 개신교 모두로부터 비난받았으며, 많은 계몽철학자마저 그에게서 등을 돌렸다. 더구나 체포령이 내려진 프랑스에서 탈출해 돌아간 고향 제네바에서도 이단으로 몰려 유죄판결을 받고 책들을 소각당했다. 밤에 그의 집에 돌이 날아들기도 했다.

사실 그의 시민 종교관은 오늘날에는 전혀 문제 될 일이 없는 계몽된 견해였다. 루소에게 종교는 사회의 일부일 뿐이다. 따라서 그것은 사회의 다른 가치와 조화를 이루어야 하며, 자신의 종교가 소중한 만큼 다른 종교도 존중해야 한다. 《에밀》에서 신앙고백을 하는 사부아 보좌신부는 이렇게 말한다. "모세나 예수 그리스도나 마호메트에 대해 들어보지도 못한 사람이 얼마나 많은가!" 시민의 덕성을 길러준다면 어느 종교라도 무방했다. 당시로선 구교와 신교 모두 받아들일 수 없던 이 종교관이 그가 받은 핍박의 가장 큰 원인이었다.

루소를 박해한 제네바에는 1864년 그의 동상이 세워졌고, 오늘날에는 제네바에서 배출한 가장 위대한 역사적 인물로 그를 꼽는다. 시간이 걸리긴 했지만 루소 사상의 중요성을 시민들이 인정한 결과다. 한편, 우리나라의 교회는 여전히 다른 종교와 사회제도 위에 군림하려 한다.

키워드 근대 철학 계몽 종교 관용

장 자크 루소 II

― 루소를 기억해야 하는 이유

장 자크 루소는 사회사상가이자 교육학자, 철학자로 명성이 높다. 게다가 소설가와 작곡가였다. 흔히 계몽철학자로 분류되지만 계몽사상에 반발한 낭만주의의 선구로 꼽히기도 한다. 하여 다양한 사람들에게 영감을 주었을뿐더러, 많은 학자가 그를 완전히 상반되게 해석할 정도로 생각의 폭이 넓었다.

팔색조 같은 그의 이론 중에서도 오늘을 살아가는 우리가 꼭 기억해야 할 것이 있다. 바로 《사회계약론》에서 밝힌 '일반의지'의 개념이다. 그것을 참조하면 우리는 투표의 당위성은 물론 구체적 실행 방법까지도 확인할 수 있다. 투표를 통해 공동체의 의사를 결정할 때 우리는 일반의지를 찾아야 한다. 일반의지는 공동체의 의지이니 그것이 결정되면 모두 따라야 한다. 그런데 일반의지는 공동체를 구성하는 개인들의 잡다한 뜻을 단순하게 모아놓은 것과는 다르다. 그것은 '전체의지'에 불과하다. 일반의지는 공동체 성원 모두를 '위한' 공공선이 되어야 한다.

모호하게 들리는 이 개념을 투표로 설명하면, 국민은 개인으로서 치열하게 고민하되 공동체 전체를 위한 대안에 표를 던져야 한다는 것이다. 지역적·사회적 분파의 이익에 매몰된 대안은 결국 공동체의 분열을 야기할 씨앗이므로 일반의지가 될 수 없다. 뉴타운처럼 특정 지역 주민의 이익을 내세운 공약으로 뽑힌 자들은 일반의지가 반영된 결과가 아니다. 그런 투표의 혹독한 결과를 우리는 이미 맛보고 있다.

　일반의지가 글로 표현된 것이 법이다. 루소의 중요성은 사람들이 최고의 충성을 바쳐야 할 것이 법이며, 그 앞에선 모두가 평등하다는 주장에 있다. 봉건 잔재 타파를 부르짖은 계몽철학자들 대다수가 계몽전제군주와 교제를 트던 당시, 그는 왕을 포함한 모두가 법 앞에서 평등하다고 선언했다. 18세기 유럽의 왕국보다 21세기 이곳 민주공화국에서 루소의 목소리가 더욱 절절하게 울리는 이유가 뭘까? 법 앞의 평등이 구현되기를 갈망한다.

키워드　근대　철학　계몽　불평등　선거

프리드리히 대제

― **왕의 표리부동**

이성을 존중한다던 18세기 유럽에는 왕이면서도 계몽주의의 가치를 인정해 통치 기반으로 삼으려 한 사람들이 나타났다. 그런 계몽전제군주의 대표적인 인물이 프로이센의 프리드리히 대제였다. 그는 플루트를 즐겨 불어 전쟁터에도 가지고 갔고, 계몽사상가들의 저작을 주의 깊게 읽으며 편지를 교환하기도 했다.

그는 마키아벨리가《군주론》에서 묘사한 군주의 냉혹한 비도덕성을 비난하면서 스스로 계몽군주의 이상적인 모습을 설파했다. 군주라 하여 거리낌 없이 사치와 방탕에 빠질 수 있는 것은 아니다. 군주도 국민과 마찬가지로 인간임을 스스로 깨달아야 한다. 군주가 최고의 법관, 장군, 행정가라면 그 이름에 걸맞은 의무를 수행해야 한다. 군주는 국가 제일의 하인에 지나지 않는다. 그는 공정하고 지혜롭고 사리사욕 없이 행동해야 한다.

그렇지만 그의 행동이 자신의 아름다운 말과 일치했을까? 그는 50대 중반의 계몽철학자 볼테르를 초빙해 베를린 교외에 있는 포츠담 궁전에서 머무르게 했다. 계몽전제군주가 평소 흠모하던 사상가를 초빙했지만 곧 갈등이 생겼다. 볼테르는 상대방이 누구든 자신이 하고 싶은 말을 하는 사람이었다. 볼테르는 대제가 신임하던 궁정 학자를 조롱했다. 게다가 대제가 자신이 쓴 프랑스어 시를 책으로 내려고 하자 대제의 수치스러운 면모를 외부에 폭로하지 말라고 대꾸했다. 대제는 오렌지는 물을 빨아먹은 다음에 버리는 것이라고 응수했다. 볼테르는 떠나야 했다.

프리드리히는 비극을 보면 울었고, 병든 사냥개를 보살폈다. 그러나 곧 마을 전체를 짓밟기도 했고, 갑자기 세금을 올려 사람들을 비참하게 만들기도 했다. 그는 피를 보기 싫어해 죄인을 사형에 처하는 일이 거의 없었다. 그렇지만 전쟁에서 부상자들의 다리를 잘라 불구자로 만들고 그 비용을 대는 것보다는 차라리 그들을 죽게 하는 것이 나으니 내버려두라고 은밀히 명령했을 정도로 냉혹했다.

어디에서건 언행일치는 통치자의 중요한 덕목임이 확실하다.

키워드 근대 지도자 덕목 계몽 위선·기만

몽테스키외

몽테스키외는 "단 세 시간에 읽을 수 있는 책을 쓰기 위해 내 머리는 백발이 되었다"라고 토로할 정도로 심혈을 기울여 《법의 정신》을 썼다. 거의 20년에 걸친 집필로 체력이 고갈되어 실명에 이르게 한 필생의 역작에서 그는 법이 기후와 풍토에 따라 달라야 한다고 주장했다. 그것은 근대 정치사회학이나 비교 인류학의 선구가 되었다. 그렇지만 모든 곳에서 통용되는 보편타당의 원리를 찾으려던 계몽사상가들의 생각과는 어긋났기에 당대 프랑스에서는 환영받지 못했다.

반면 그 책은 영국에서 호평받았고, 권력분립 이론은 식민지 시절 미국에 큰 영향을 끼쳐 미국 헌법 속에 녹아들어갔다. "어느 누구도 다른 사람을 두려워할 필요가 없도록 하기 위해 정부가 세워져야 한다"라는 몽테스키외의 철학이 제임스 매디슨 같은 미국 건국의 아버지들에게 깊은 감명을 주었고, 그의 저서는 미국에서 《성서》 다음으로 많이 인용되는 책이 되었다.

몽테스키외에게 자유는 법이 허용하는 것을 행하는 권리다. 자유를 보장하는 길은 권력의 균형과 분리를 통해서만 가능하다. 그는 권력을 행정권, 입법권, 사법권으로 나눴다. 동일한 인간이나 동일 집단이 그 권리들을 함께 행사할 때 자유는 상실된다. 몽테스키외는 사회 세력들 사이의 권력분립도 논했다. 국왕, 중간층, 평민으로 세력을 나눈 것이다. 그는 명예와 미덕을 갖춰야 하는 중간층인 귀족이 국왕의 권한을 제한하고, 평민이 귀족의 행위를 견제할 때 국가가 활력을 갖고 건전한 조화 속에 발전할 수 있다는 논지를 펼쳤다. 전통적 제1신분인 성직자를 이 구도에서 완전히 배제했다는 것도 이 책의 한 가지 혁신이다. 그 결과《법의 정신》은 가톨릭교회의 '금서 목록'에 올랐다.

우리 사회에선 정치적 권력과 사법적 권력은 물론 경제적 권력의 결탁까지도 한 가정에서 이루어진다. 혼인으로 인맥을 형성하는 그들에게서는 명예나 미덕에 대한 어떤 개념도 찾아볼 수 없다.

키워드 근대 철학 자유 권력 계급 부정부패

90 벤저민 프랭클린

벤저민 프랭클린만큼 다양하게 성공을 거둔 인물은 없을 것이다. 폭풍우 속에 연을 날려 번개가 전기임을 발견했다는 이야기는 잘 알려진 일화다. 그 사건으로만 판단하면 프랭클린은 감전사의 위험을 무릅쓸 정도로 무모한 사람으로 보이겠지만, 사실 그는 훨씬 더 정교한 과학자였다. 그는 양전기와 음전기의 개념을 최초로 제시했고, 허리케인의 경로를 정확하게 예측했으며, 멕시코 만 난류를 이용하면 유럽까지 항로를 크게 단축할 수 있다고 선장들에게 조언하기도 했다. 그는 피뢰침, 효율 높은 난로, 이중 초점 안경, 개량된 수레바퀴, 유리로 만든 하모니카 등을 만든 발명가이기도 했다.

인쇄업을 하던 그는 《가난한 리처드의 달력》이라는 일종의 격언집을 발간하여 큰돈을 벌었다. 그 뒤 그는 사업계에서 은퇴해 대여섯 개 정도의 경력을 한꺼번에 시작했는데, 그 모든 분야에서 뛰어난 성공을 거뒀다. 그는 책을 대여해주는 공공도서관을 미국에서 처음으로 설립했고, 미국 최초의 의용소방대와 우체국도 창설했다. 신문을 창간하여 여론을 주도하기도 했다. 펜실베이니아 대학의 초석을 닦기도 했고, 식민지에서 악명 높던 인지세를 철폐하는 운동에 앞장서는 정치적 역할도 수행했다. 체스 선수였을 뿐 아니라 체스에 대한 책도 썼다. 이미 국제적인 명성을 얻었던 말년에는 프랑스 주재 대사로 파리에 파견돼 미국과 프랑스의 우호 관계를 만드는 데 크게 기여했다.

그가 더욱 돋보이는 것은 자신의 능력이 대중에게 도움이 되어야 한다는 신념 때문이다. 그는 "내가 해봐서 아는데"를 강조하는 허깨비 능력자가 아니었다. 그는 수많은 발명품에 특허권을 출원하지 않았다. 그는 자서전에서 "타인의 발명품으로 우리가 혜택과 즐거움을 누리듯, 우리는 우리의 발명품으로 타인에게 봉사해야 한다"라고 밝혔다. 그 개방된 마음으로 자신의 신문도 모든 견해에 열어놓았다. 그는 진정한 능력자였다.

키워드 근대 발명

91 대니얼 디포

— 로빈슨 크루소와 프라이데이

《로빈슨 크루소》는 지금까지도 영화와 연극 또는 만화로 새로운 해석이 생성되고 있다. 그만큼 대중적 성공을 거뒀다는 말인데, 그 이유 중 하나는 로빈슨 크루소가 실재 인물이라 착각할 정도로 상황 묘사가 생생하다는 점이다. 루소도 《에밀》에서 사실주의의 효시로 꼽히는 이 소설을 아동이 열두 살이 되기 전에 읽어야 할 책으로 꼽았다.

작가 디포는 런던에 큰 피해를 입힌 흑사병과 대화재를 직접 목격했고, 뒷날 그에 대해 소설을 썼을 정도로 주변 사물을 예리하게 관찰했다. 《로빈슨 크루소》에서도 그런 면모는 두드러진다. 디포는 무역으로 성공과 좌절을 모두 맛본 인물이었다. 무역선과 항로, 선박과 내부 물품 등에 대한 상세한 기록은 실무에 밝은 무역업자의 모습을 보여준다. 1703년 영국 역사상 최악의 폭풍우에 대한 목격담도 기록했다. 난파 장면이 생동감 있게 그려진 이유다.

디포는《완벽한 영국의 무역업자》라는 책을 낼 정도로 부국 강병에서 차지하는 무역업자의 중요성에 자부심을 갖고 있었다. 그것은 해상 강국으로 발돋움하려던 영국의 위상과도 밀접하게 연결된다. 당시 영국은 아메리카나 인도에 식민지를 건설하기 위해 해군력을 강화하고 있었다.《로빈슨 크루소》가 브라질의 농장이나 오리노코 강 어귀 무인도에서 영국인이 벌이는 모험 이야기라는 사실은 우연한 설정이 아니다.

유럽인은 식민지를 건설하며 원주민을 미개인 취급했다. 크루소는 함께 지내게 된 야만인에게 '프라이데이'라는 이름을 지어준다. 그를 만난 요일이 이름이 되었다. 프라이데이는 주인에게 절대적 충성을 보이며 그의 종교와 말을 배운다. 반면, 크루소가 프라이데이의 문화에 대해 조금이나마 이해해보려는 시도는 없다.

프랑스 소설가 미셸 투르니에는《프라이데이》라는 소설로 프랑스 학술원상을 받았다. 프라이데이가 주인공인 이 소설은 로빈슨 크루소가 그에게 깊이 감화되어 결국 섬을 떠나지 않는 것으로 결말을 맺는다.

키워드 근대 문학 작가 식민지 원주민

92 버나드 맨더빌

— **꿀벌의 우화**

네덜란드 출신으로 영국에 정착했던 버나드 맨더빌은 외국인이었음을 믿지 않는 사람들이 많았을 정도로 영어를 잘 구사했다. 저명한 의사였던 아버지의 뒤를 이어 의술에 관한 논고를 쓰며 의사로서 존경받는 삶을 산 그를 오늘날 우리는 〈꿀벌의 우화〉라는 시를 쓴 문학자로 기억한다. 개인이 사사로운 이익을 추구하더라도 '보이지 않는 손'이 작용하여 그것을 공익으로 바꾼다고 하는 애덤 스미스의 자유방임주의 경제 이론의 원형이 여기에 있음을 스미스 자신도 인정했다.

  벌떼가 붐비며 살아가는 벌집이 있다. 벌들은 "폭군의 노예가 아니라／법에 권력을 제한받기에／잘못을 저지를 수 없는 왕의 노예"다. 약간 타락했지만 번창하는 그 벌집의 벌들이 미덕을 잃었음을 불평하기 시작한다. 결국 그들은 정직으로 가득 찬 벌집에서 살게 된다. 사치와 타락을 버리고 절제와 근면을 찾았으나 번영 역시 사라진다. "벌거벗은 미덕은 국가가／영광 속에 살

게 하지 않으리니./황금시대를 부활시키려는 자들은/정직을
위해서만큼 이익에도/자유로워야 하는 법."

　이 시는 냉소적이고 저급하다는 이유로 많은 비판을 받았다.
그러나 그것은 표면적인 이유일 뿐, 아마도 맨더빌에게 가해진
낙인은 국정을 운영하는 자들의 위선을 가감 없이 드러냈다는
사실에서 비롯되었을 것이다. 미덕이란 자연적 충동에 반대되
는 것으로, 사람들은 타인에게 도움이 되도록 자신의 충동적 감
정을 절제해야 한다고 배운다. 그에 따르면 인간의 행동 자체는
고귀하거나 저급한 것으로 대분할 수 없지만 지배자들이 통치
를 위해 그렇게 나눴다는 것이다.

　이렇게 가난한 자들을 가르치고 그들에게 덕성을 주입한다는
것은 역으로 사악한 욕망이 그들에게만 존재함을 인정하게 만
드는 것이다. 맨더빌은 그러한 욕망이 교육받고 부유한 계층에
겐 교묘하게 숨겨져 있음을 밝히며, 가난한 자 역시 욕망을 추
구해야 한다고 촉구한다.

키워드 　근대　문학　지도자　위선·기만　계급　권리

남해회사

— 계산할 수 없는 인간의 욕심

18세기 초 영국에서 민관 합작의 거대한 사기 사건이 일어났다. 투기 과열로 인한 금융 공황의 대표적 사례로 꼽히는 '남해회사 버블'. 과학자 아이작 뉴턴을 비롯한 여러 석학이 피해자로 관련되었을 만큼 파장이 큰 참사였다. 거품(버블)경제의 어원이 된 이 이름의 배경엔 1711년에 설립된 '남해회사'가 있었다. 국채를 통합하여 비용을 절감하려는 목적으로 세워진 주식회사였다.

'남해'란 남아메리카 대륙과 주변 바다를 가리키는 명칭이었다. 이 회사는 영국과 남아메리카 무역의 독점권을 부여받았는데, 이것이 사기인 이유는 당시 국제 정세를 살펴보면 자명했다. 남아메리카 대륙은 에스파냐의 식민지였으므로, 그곳과 교역을 한다는 것은 영국과 에스파냐의 외교관계가 정상일 경우에 가능한 일이었다. 당시 두 나라는 에스파냐 왕위 계승 문제를 두고 전쟁 중이었다. 교역이 성사되리라는 현실적인 전망은 없었다. 그럼에도 과도한 홍보와 대중의 투기 열풍으로 주가가 폭등했다.

능히 짐작이 가지만, 피해가 더욱 커진 까닭은 내부 거래와 불법적인 정보 유출로 인한 부패의 고리가 얽혀 있었기 때문이다. 국채가 통합될 날짜를 미리 알아낸 사람들이 막대한 부당이득을 취했고, 이를 위해 정치인들에게 뇌물을 주었다. 특정 인물들이 회사 돈을 이용해 주식을 샀고, 그것을 담보로 더 많은 돈을 대출받아 더 많은 주식을 샀다. 단기간에 주가를 움직인 동력이었다.

그러나 실제로 교역은 없었다. 유일하게 교역이 가능한 분야는 노예무역이었는데 회사는 거기에서조차 이윤을 챙기지 못했다. 거품이 빠지고 주가가 폭락했을 때 많은 사람이 패가망신했고, 국가 경제는 흔들렸다. 사후 감사로 의회는 청문회를 열어 부정행위에 관련된 정치인들을 징벌했다. 부당이득도 몰수되었다.

큰돈을 잃은 뉴턴은 이 한마디를 남겼다. "나는 별들의 움직임은 계산할 수 있으나, 인간의 광기는 계산하지 못하겠다."

키워드 근대 경제 부정부패 탐욕

94 이반 마제파

— 슬픈 우크라이나

중세 스칸디나비아의 해적, 바이킹은 유럽 곳곳에 출몰하며 무자비하게 약탈을 저질렀다. 강을 타고 순식간에 침략했기에 내륙도 안전하지 않았다. '루스'라고 불리던 그들 일파가 드네프르 강을 따라 남쪽으로 침입했다. 그들은 키예프를 점령하여 수도로 정하고 키예프 공국을 세웠다. 오늘날의 우크라이나와 대략 일치하는 이곳에서 비잔티움 제국으로부터 받아들인 그리스정교와 키릴 문자는 지금도 러시아인들의 정신세계에 강력한 영향력을 행사하고 있다. '루스'가 어원이 되어 '러시아'라는 명칭이 생겼다는 사실만 보더라도 키예프 공국의 역사는 곧바로 러시아 초기의 역사였다.

그러나 13세기에 대규모로 세력을 확장한 몽골이 유럽에 침투하면서 키예프 공국이 멸망했다. 러시아의 중심은 모스크바로 옮겨갔다. 곡창지대인 우크라이나는 러시아, 폴란드, 스웨덴, 오스만튀르크 등 열강의 각축장이 되었다. 그 와중에 원주민 격인 코사크족은 독립을 쟁취하려 시도했으나 쉬운 일이 아니었다. 폴란드에 대항해 독립전쟁을 벌였으나 패배한 뒤, 코사크족 지도자 흐멜니츠키는 러시아의 차르에게 충성을 바치는 대신 우크라이나의 정체성 유지를 보장받는 조약을 맺었다.

다음 지도자인 이반 마제파도 이전의 노선을 준수하면서 러시아와 우호 관계를 유지하려 했다. 러시아가 전쟁을 벌이면 지원군으로 참가해가며 20여 년에 걸쳐 충실하게 조약을 이행했다. 그러나 우크라이나가 대가로 받은 것은 없었다. 폴란드가 침입해오는데도 러시아는 전혀 도움을 주지 않았다. 러시아로부터 기대할 것이 없음을 깨달은 마제파는 러시아와 스웨덴의 전쟁에서 스웨덴 편에 가담했다. 전쟁이 러시아의 승리로 돌아간 뒤, 특히 코사크족은 대규모 살육을 포함한 혹독한 보복을 받았다.

우크라이나의 민주화운동을 특히 러시아로부터 '독립'을 쟁취하려던 운동과 떼어놓고 생각할 수 없는 데는 이런 슬픈 역사가 담겨 있다.

키워드 근대 지도자 국가 전쟁 독립

존 로크 I

— 혁명의 의무

존 로크는 풍파 심한 영국의 17세기를 온몸으로 겪었다. 영국의 격랑이 명예혁명으로 진정되고 입헌군주국의 면모를 갖추면서 로크는 권력분립과 법치국가 등 그 이론적 배경을 제공한 인물로 추앙받는다. 하나 로크의 주장은 그 이전으로 거슬러 올라간다. 인간의 정신은 백지장 같아서 거기에 경험이 그림을 그린다는 이론에 기대지 않더라도 《정부론》은 자신의 경험에 바탕을 두고 있다. 그렇기에 그 책은 이론서로 보이지만, 큰 설득력을 갖고 쉽게 읽힌다. 그런데 특히 독재와 그 청산에 관한 결론 부분은 마치 보고 말한 것이 아닌가 하는 착각이 들 정도로 우리 현실과 잘 들어맞는다. 그의 주장을 잘 배열만 해도 세상 보는 안목과 행동의 지침을 얻을 수 있다.

통치자가 법이 아니라 자신의 의지를 규칙으로 만들고, 국민의 재산을 보존해주는 것이 아니라 자신의 야심과 보복과 질투 따위를 충족하려는 것이 독재다. 법이 멈추는 곳에서 독재가 시작한다. 부당하고 불법적인 권력에 대해서는 반대 '해야만' 한다. 인간이 사회에 진입한 이유는 재산을 보존하기 위해서다. 법과 규칙은 사회 모든 구성원의 재산을 지키는 담장이다. 사람들로부터 재산을 마음대로 빼앗아가려는 자는 국민에게 전쟁을 선포한 것이며, 따라서 복종할 필요가 없다. 그것은 권력과 폭력에 대한 공동의 도피처로 하느님이 인간에게 제공한 것이다. 그것은 반역인가? 아니다. 무질서와 유혈을 초래할까 두려워 도적과 해적에 저항하지 않는다면 폭력에 바탕을 둔 평화만이 남을 것이다. 양이 저항도 하지 않고 늑대에게 목을 내놓고 찢기는 것이 바람직한 평화인가? 다수의 지배라도 국민을 보호하지 못한다면 독재다.

사망하기 1년 전인 1703년 로크는 "재산권에 대해 《정부론》보다 더 명확하게 설명한 책은 없다"라고 말했다. 자화자찬이라 할지라도 동의하지 않을 수 없다. 확실히 로크에게 혁명은 권리를 넘어서는 의무였다.

키워드 근대 철학 독재 지도자 권력 저항 혁명

96 존 로크 Ⅱ

― 이런 '타불라 라사'

철학사에서는 흔히 인식론을 영국의 경험론과 대륙의 합리론이라는 두 갈래로 구분한다. 그 구분의 근본적인 근거는 인간이 태어날 때 자신의 정신 내부에 직관이나 추리 능력을 갖고 있는가 아닌가의 여부에 있다. 대륙의 합리론자들은 그 본유관념을 갖고 태어난다고 보는 반면, 경험론자들은 인간 정신이 완전한 백지상태로 태어난다고 주장한다.

존 로크는 《인간 오성론》에서 경험론을 체계적으로 확립했다. 그런데 백지상태의 인간 정신을 표현하는 용어로 '타불라 라사(tabula rasa)'라는 말이 흔히 사용된다. '빈 서판'이라는 뜻이니, 인간이 자라면서 겪는 경험들이 그 빈 공간에 그림을 그린다는 것이다. 경험론의 인식 과정을 적확하게 상징적으로 표현한 문구가 아닐 수 없다. 따라서 사람들은 로크가 《인간 오성론》에서 그 말을 사용했을 거라고 생각하지만 사실 그 책에는 이런 문구가 없다. 대륙의 합리론자였던 라이프니츠가 자신의 저서에서 로크를 공박하기 위해 사용했던 것인데, 그것이 오히려 경험론의 이해를 돕는 어휘로 자리 잡게 되었다. 라이프니츠가 그 저서의 출판을 포기했기에 그런 오해가 커졌을지도 모른다.

경험이 인식의 출발점이 될 수 있을지는 몰라도, 최소한 그 경험들을 구성할 능력이 인간에게 내재하지 않는다면, 그 수많은 경험들은 파편적인 잡동사니로 남을 수밖에 없지 않겠는가 하는 생각에 '타불라 라사'의 가능성에 대해 그다지 신뢰를 보내지 않았다. 그런데 이제는 그 견해를 수정해야 할 만큼 명확한 사례를 본 것 같다.

국무총리를 비롯해 결격사유가 한없이 많은 고위 공무원들을 발굴하는 임명권자를 보면서 생긴 인식의 전환이다. 이해 능력은 물론 타인에게 공감하고 소통하는 능력이 전혀 없는 모습을 보면서 "이런 타불라 라사"라고 감탄하지 않을 수 없다. 게다가 그 상태를 이순이 넘어서까지 유지하고 있다니, 아무래도 철학사를 한국적 관점에서 다시 써야 할 것 같다.

키워드 근대 철학 지도자 덕목

97 자크 보쉬에

— **왕권신수설의 근거**

16세기 유럽의 종교개혁은 이후 구교와 신교의 종교전쟁으로 이어졌다. 그 과정에서 승리를 거둔 쪽은 구교도 신교도 아니었다. 종교 분란의 최대 수혜자는 유럽 각국의 제왕들이었다. 전쟁과 농민반란까지 곳곳에서 발생하며 치안이 불안해지자 강력한 중앙집권적 국가의 필요성이 대두되었고, 절대왕정은 이런 맥락에서 등장했다. 유럽의 군주들은 경쟁적으로 상비군을 증강하여 국내 반란을 진압하며 대외 전쟁을 수행했다. 경제적으로는 중상주의 정책을 채택해 국내 산업을 진흥하는 보호무역정책을 펼치며 국부를 늘리려 했다.

그런데 그 체제를 유지하기 위해서는 국왕의 절대적 권능을 확립할 이론적 기반이 필요했다. 그 필요성을 충족시킨 것이 왕권신수설인데, 그 기반을 다진 이가 자크 보쉬에다. 서양 역사를 통틀어 빼어난 연설가로 손꼽히는 그의 설교에 감명을 받은 루이 14세 모후의 배려로 그는 왕실과 연을 맺고 황태자의 가정

교사가 되었다.

제왕 교육을 위해 만든 《성서로부터 도출한 정치학》에서는 왕권의 특성을 네 가지로 규정하고 《성서》에서 인용한다. 첫째, 왕권은 신성하다. 왕의 권력은 신에게서 왔으니 그를 공격함은 신성모독이다. 둘째, 왕권은 가부장적이다. 아버지가 가정의 우두머리이듯 왕은 국가의 아버지다. 셋째, 왕권은 절대적이다. 왕은 자신의 행동에 대해 어느 누구에게도 설명할 필요가 없다. 넷째, 왕권은 합리적이다. 왕의 말은 최고의 이성과 지성을 소유한 신의 말씀이기에 합리적일 수밖에 없다.

16~17세기 유럽에서 통용된 이론을 지금 이곳의 위정자가 받아들이고 있음을 확인하는 심정은 참담하다. 그런데 왕권신수설의 기본 정신은 증발된 상태여서 절망감은 배가된다. 보쉬에는 국왕의 권한이 절대적인 만큼 그는 자신의 내부에 그에 합당한 합리적 근거를 갖고 있어야 한다고 말했다. 또한 신이 국왕에게 절대적 권능을 하사한 궁극적 이유는 국민의 복지에 있음을 명시했다.

키워드 근대 국가 전쟁 지도자 권력 덕목

98
후아나 이네스

— **열 번째 뮤즈**

제우스와 기억의 여신 므네모시네 사이의 아홉 딸은 뮤즈라 불리며, 학문과 예술을 관장한다. 서양의 많은 언어에서 '음악'이란 단어의 어원이 '뮤즈'에서 비롯되었음을 쉽게 유추할 수 있다. 그런데 인간으로서 '열 번째 뮤즈'라는 영광스런 별칭을 얻은 여인이 있었다. 탁월한 지적·예술적 재능을 보였기에 가능한 일이었는데, 바로 그런 재능 때문에 그 여인의 삶은 순탄치 못했다. 세월은 아직 여성의 지적 능력을 인정하기엔 아둔하기만 했다.

후아나 이네스 수녀는 에스파냐의 식민지였던 멕시코에서 사생아로 태어나 외할아버지의 농장에서 자라났다. 세 살에 글을 읽고 썼으며, 여덟 살에 시를 짓고, 열세 살에 라틴어를 가르쳤으며 아즈텍 토속어로도 시를 남겼다. 여성에게 금지된 대학에서 공부하고 싶어 남장을 하고 다니도록 해달라고 어머니에게 졸랐으나 거부되었다. 이미 멕시코 전역에서 유명했던 그를 시험해보고자 총독은 열일곱 살 이네스 앞에 신학자, 철학자, 법학자, 시인들을 소집하여 질문을 퍼부었다. 과학과 문학에 관한 무작위 질문에 대해 아무 준비도 없이 대답해야 했던 이 모임은 오히려 이네스의 명성을 더해줄 기회가 되었을 뿐이다.

수녀원에 들어간 것도 공부를 하기 위해서였다. 속계에서 직업을 가지면 공부할 자유가 위축될 수 있으므로 그는 여러 청혼을 거절하고 제롬 수녀원에 의탁했다. 총독과 총독 부인이 그를 후원하여 그의 글이 에스파냐에서도 출판될 수 있게 했다. 그러나 여성도 교육을 받아야 한다는 주장에 대해 멕시코 대주교를 비롯한 고위 성직자들의 생각은 달랐다. 그는 장서와 악기와 실험 기구를 포기해야 했고, 마침내 참회의 글을 쓰도록 강요당했다. 그러나 교회의 엄격한 양식에 맞춰 쓴 글들에도 타고난 시적 정서를 반영했다. 그 글들 가운데 하나에는 "나, 가장 나쁜 여성"이라고 서명했다.•

키워드 근대 여성 교육 차별

• 후아나 이네스 수녀는 흑사병이 창궐했을 때 다른 수녀들을 간호하다가 1695년 4월 17일에 사망했다. 노벨상을 수상한 멕시코의 시인 옥타비오 파스가 그녀를 기려 《후아나 수녀: 신앙의 함정》이라는 전기를 썼다.

토머스 홉스

— **리바이어던**

토머스 홉스는 평화를 위한 수단으로 절대왕정을 옹호했다. 자연 상태에서 인간의 본성은 제멋대로 행동하고 다른 사람을 지배하려 한다. 서로가 서로를 지배하려 하기에 만인의 만인에 대한 전쟁이 이어지고, 그 결과 강한 자들이 약한 자들을 억압한다. 이런 자연 상태에서 인간의 삶은 외롭고 곤궁하고 야비하고 야만적이고 단명하다. 그 비참한 전쟁 상태를 피하기 위해 인간은 자신의 권리를 강자에게 양도하는 대신 보호를 받는다. 그 최초 사회계약의 결과로 군주제 국가가 탄생했다는 것이다.

이 주장을 펼친 책 제목인 '리바이어던'은《구약성서》에 나오는 바다 괴물을 가리킨다. 책을 출판하는 과정에서 홉스는 판화가 아브라함 보스와 상세한 논의를 거친 끝에 표지의 삽화를 만들었다. 칼과 지팡이를 든 거대한 인간이 왕관을 쓰고 있다. 그 위쪽에 "그에 비견될 큰 힘을 가진 자는 없다"라는 〈욥기〉의 문구를 명기함으로써 이 형상을 바다의 괴물과 연결시킨다. 그런데 그림을 자세히 보면 몸통과 팔이 수백 명의 사람들로 이루어져 있다. 그들은 모두 등을 보일 뿐 얼굴을 드러내지 않는다. 왕이 우두머리이고 이름 없는 백성들이 수족 노릇을 하고 있다는 표현이 아닐 수 없다.

17세기 영국에서 절대왕정을 옹호했던 책의 표지 그림이 21세기 대한민국 정치의 현주소를 투영하는 것 같아 참담하기 그지없다. 투표로 행정권을 위임받은 대통령이 마치 무소불위의 권력을 가진 세습 군주처럼 행동한다. 보좌하는 주변 인물들도 책임 있는 자세를 보이지 못하며, 모두가 이름 없는 수족이 되어 절체절명의 위기 순간에 한 치의 행동도 하지 못한다.

엄밀히 말해 우리는 홉스가 옹호한 절대왕정만도 못한 나라에 살고 있다. 최소한 그에게 국가라는 괴물의 본질적인 존립이유는 무정부 상태를 차단하고 약자를 보호하기 위해서였다. 강자를 보호하고 약자에게 제재를 가하는 정책을 태연히 받아들이는 우리 사회는 아직도 야만적 자연 상태에 있다.

키워드 근대 철학 국가 지도자 권력

100 존 밀턴

— 이 땅에도 표현의 자유를

영국 낭만주의를 대표하는 시인 윌리엄 워즈워스는 〈런던,
1802〉라는 소네트에서 영국인들이 이기심에 빠져 내적인 행복
을 잃어버리고 웅덩이에 고인 물처럼 썩어들어가고 있다고 경
고한다. 그러면서 1802년의 런던에 밀턴이 다시 살아나 그들에
게 예의와 미덕과 자유와 힘을 돌려주기 바란다고 청한다. 물론
에덴동산의 추방을 다룬 서사시 〈실낙원〉으로 대시인의 칭호를
얻은 바로 그 존 밀턴을 가리킨다.

17세기 영국은 정치와 종교가 함께 엮여 혁명과 내전과 반동
으로 얼룩진 역사를 보여준다. 밀턴은 초지일관 영국의 의회주
의가 진정한 신앙인 프로테스탄트를 통해 이루어지기를 바랐
다. 밀턴은 가톨릭을 악과 동일시했다. 외국인 교황을 우두머리
로 받들며, 외적인 요식행위만을 강조할 뿐 평신도의 영적인 권
리와 자유를 파괴한다는 것이 이유였다. 가톨릭처럼 주교제를
유지하는 영국국교회도 가톨릭의 음모가 영국에 침투한 것으

로 보았다. 그는 의회주의와 종교적 순수성을 표방한 크롬웰의
청교도 공화국을 위해 꿋꿋이 싸웠던 것이다. 그 과정에서 밀턴
은 사상과 언론의 자유를 옹호했다. 정당하게 성립된 의회라도
그 자유를 수호하지 못하면 국민을 열등하게 만들어 역사를 후
퇴시킬 수 있기 때문이다. 워즈워스는 자유와 민족주의를 결합
시킨 밀턴을 그리워했던 것이다.

21세기 서울, 이곳에도 밀턴을 불러오고 싶다. 청교도전쟁이
한창이던 1644년 밀턴은 《아레오파기티카》라는 소책자를 발표
했다. 거기에서 그는 출판물의 사전 검열에 반대하며 언론과 표
현의 자유를 위한 웅변을 펼쳤다. "다른 모든 자유보다도 양심
에 따라 자유롭게 알고, 말하고, 토의할 자유를 달라." 그로부터
대가의 "소중한 생명의 피"인 좋은 책이 태어난다. 언론과 표현
의 자유에 대한 탄압은 그 생명의 힘을 말살해 역사를 퇴보시킨
다는 것이다. 썩어들어가는 이 땅의 언론에 예의와 미덕과 자유
와 힘이 되돌아오기를 기원한다. 일단 예의만이라도.

키워드 근대 문학 작가 종교 언론 자유 탄압

올리버 크롬웰

— 나누어야 선

영국 헌정의 역사는 왕당파와 의회파의 투쟁으로 이루어졌다고 해도 과언이 아니다. 〈마그나카르타〉에서 〈권리청원〉과 〈권리장전〉에 이르기까지 그것은 무소불위의 권력을 휘두르던 국왕에 대해 의회에서 점진적으로 권리를 확보해가던 과정이었다. 물론 의회가 귀족이나 신흥 부르주아의 권익만을 대표했다는 한계는 있다. 그렇지만 20세기에 이르러 비로소 보통선거를 통해 모든 사람이 참정권을 획득하는 데 그 투쟁이 디딤돌이 되었다는 사실을 부정할 수는 없다.

충돌은 청교도혁명에서 정점에 달했다. 왕당파와 의회파 사이에 전쟁이 벌어지고, 궁극적으로 국왕 찰스 1세가 처형당하는 초유의 사태가 발생했다. 처음에는 정규군의 기율을 갖춘 왕당파의 우세가 1년 정도 지속되었다. 전세가 바뀐 것은 올리버 크롬웰이라는 종교적 사명감에 불타는 청교도 지휘자의 탁월한 능력 덕분이었다. 지방의 부농 출신인 그는 이른바 철기군을 이끌고 마스턴 무어 전투와 네이즈비 전투에서 대승을 거둬 국왕이 항복할 계기를 마련했다. 찰스 1세는 감금 상태에서 도주하여 재차 전쟁을 벌였으나 다시 패배한 뒤 1649년에 처형되었다. 이후 영국은 공화정을 실시했다. 그러나 크롬웰은 의회를 해산하고 종신 임기의 호국경이라는 자리에 올라 실질적인 독재를 자행했다. 1658년 크롬웰이 사망한 지 2년 만에 영국은 찰스 2세를 받아들여 왕정으로 돌아갔다.

부왕을 처형할 때 전반적으로 동의했던 영국 국민은 왜 그다지 능력도 없는 아들을 다시 왕으로 받아들였을까? 처형할 때 다수의 국민은 국왕이 마음대로 통치하는 것에 반대하며 정치적 자유를 원했다. 그러나 청교도혁명을 통해 도달한 공화국에서 목격한 것은 선민의식에 사로잡힌 선택된 소수 청교도의 종교적 독선과 맹신이었다. 선이라는 개념이라도 함께 만들고 나누어야 한다. 소수가 독점하여 다수에게 강요하는 선은 더 이상 선일 수 없으며 거부반응을 낳을 수밖에 없다.

키워드 근대 정치 종교 권력 혁명

후고 그로티우스

후고 그로티우스는 철학, 신학, 종교, 역사, 문학에 족적을 남겼지만 본질적으로는 국제법에 불후의 저서를 남긴 학자로 기억된다. 그 모든 업적이 강요된 망명의 상태에서 이루어졌다는 사실은 더욱 놀랍다.

17세기 초에 개신교 국가인 네덜란드에서 거대한 종교 논쟁이 벌어졌다. 신이 선택한 소수의 구원만이 태초부터 예정되어 있었다는 존 캘빈의 전통적인 가르침에 반대하는 자들이 나타났다. 네덜란드 신학자 아르미니우스의 교리를 따르던 그들은 인간의 구원에 결정적인 요인이란 신의 명령이 아니라 개인의 믿음이라고 강조하며, 신이 믿음의 조건을 충족시키면 누구라도 선택할 거라고 주장했다. 이 논쟁은 20년 이상 이어지며 국가를 내란 상태로 몰고 갔다. 아르미니우스를 추종하던 그로티우스도 이 논쟁에 관련되어 종신 가택 연금의 형을 받았다. 그는 아내와 하녀의 도움을 받아 책 상자 속에 숨어서 파리로 도주했다.

《전쟁과 평화의 법》은 그런 상황에서 탄생했다. '30년 전쟁'이 막바지에 달하며 유럽 열강은 부국강병을 이룰 수만 있다면 그 어떤 방법이라도 용인하는 정도가 아니라 경쟁적으로 받아들였다. 따라서 국가들 사이의 전쟁이 필연적인 상황에서 그로티우스는 평화에 기초를 둔 국제 관계를 정립할 수 있는 대안을 제시했던 것이다. 그는 전쟁을 벌여야 할 정당한 원인을 규정했고, 전쟁 중에도 지켜야 할 정당한 규칙을 나열했다.

네덜란드에서 아르미니우스 추종자들에게 관용을 베풀어 귀국을 허용했다. 하나 그로티우스는 사면을 받아들이지 않았다. 사면이란 유죄의 인정을 전제하기 때문이다. 그는 계속 망명객으로 남았다. 그의 일생을 다룬 한 전기에는 '네덜란드의 기적'이라는 부제가 붙었다. 망명객을 관대히 다루던 네덜란드에서 쫓겨난 자가 이룬 업적에 대한 정당한 평가다.

전쟁 상황이라도 지켜야 할 법도가 있다는 그의 가르침을 이곳의 집권당이 이해할까? 이해한다면 그야말로 '한국의 기적'일 것이다.

키워드 근대 지식인 종교 전쟁 국가

프랜시스 베이컨 I

— **시장의 우상**

프랜시스 베이컨은 과학혁명의 한 근거인 귀납법을 다진 사람이다. 귀납법이란 이론적 틀을 먼저 세우는 것이 아니라, 개별적 사물들을 관찰하고 그것들을 이어주는 결론을 이끌어내는 논증이다. 경험론과 다를 바 없는 이것은 전통적인 삼단논법과 반대된다. '인간은 죽는다. 소크라테스는 인간이다. 고로 소크라테스는 죽었다'는 것이 연역법의 예라면, '소크라테스도 죽었다. 칸트도 죽었다. 니체도 죽었다. 고로 인간은 죽는다'라는 논증은 귀납법이다.

예만 나열할 뿐 새로운 지식을 더해주지 못하는 연역법에 비해 귀납법은 새로운 지식을 만들어준다. 문제는 귀납법을 통해 만들어진 지식이 절대적으로 옳다는 보장이 없다는 사실에 있다. 버트런드 러셀이 적절하게 예를 들었듯, 매일 같은 시간에 주는 모이에 길들여진 칠면조들이 어느 날 모이를 먹으러 왔는데 그 다음 날이 추수감사절이었다는 슬픈 이야기가 귀납법이

220

갖는 오류의 한 예다. 그런 오류를 최소화하려고 베이컨은 보조 논리를 여럿 만들었다.

베이컨이 귀납법을 새로 확립한 이유는 인간이 갖고 있는 우상을 타파하기 위해서였다. 이른바 '종족', '동굴', '시장', '극장'이라는 네 가지 우상인데, 그 우상은 인간의 본성이 원체 나약하기에 갖게 되는 헛된 믿음을 말한다. 특히 시장의 우상은 언어에 의해 현혹되는 인간의 본질에서 비롯된다. '밑지고 판다'는 상인의 말을 믿는 사람이 없기에 '시장의 우상'이라 이름 붙였을지 모르지만, 말을 만들어내서 계속 그 말을 반복하면 사람들이 그것을 사실이라고 믿게 되는 현상을 가리키기도 한다.

정권을 유지하려는 사람들은 시장의 우상을 잘 이용한다. 사실과 다른 말을 그럴듯하게 만들어내어 매체를 통해 지속적으로 사람들에게 주입한다. '공정 사회', '공생 발전' 같은 말을 만들어냈던 이명박 정부는 '시장의 우상'의 달인이다. 시장경제를 신봉하는 신자유주의를 믿어서였을까?

키워드 근대 철학 권력 지도자 우상 위선·기만

104

프랜시스 베이컨 Ⅱ

— 극장의 우상

프랜시스 베이컨은 인간의 정신이 빠지기 쉬운 편견을 네 가지 우상으로 분류해, 그것을 제거해야 참된 논리인 귀납법으로 나아갈 수 있다고 했다. 그중 언어 자체의 모호성에서 비롯되는 '시장의 우상'의 오류는 사물의 본질을 호도하기 위해 특히 우리 정치인들이 항시 찾던 꼼수였음은 앞에서도 밝혔다.

그런데 내 판단으로 우리 사회 전반에 가장 널리 퍼져 있는 것은 '극장의 우상'이다. 대부분 철학자들의 언설에 단순 명료한 것이 드물 듯, 베이컨의 이 우상에도 여러 변종이 있다. 그렇지만 그들 사이의 공통분모란 스스로 어떤 논리적 결론에 도달하지 못하고 권위가 있다는 타인의 견해에 의존하는 버릇을 가리킨다. 이것을 '극장의 우상'이라 부르는 것에 배우들이 섭섭하게 생각할 수 있다. 배우들이 아무리 멋진 연기를 창의적으로 펼친다 해도, 그들의 대사는 본질적으로 극작가가 만들어낸 허구의 세계를 발설하는 것에 불과하기 때문이다.

우리의 마음에 극장의 우상을 심으려는 술책은 곳곳에 도사리고 있다. 그 결과 많은 사람이 '브랜드'를 선호한다. 빵 한쪽이나 커피 한 잔도 대기업이 경영하는 프랜차이즈 가게에서 먹고 마셔야 하는 듯이 우리는 그곳에 간다. 대기업의 비인간적·비윤리적 경영 방식에 대해 조금이라도 알고 있을 텐데, 우리의 소비 행태는 여전히 브랜드 제품에 편향적으로 쏠린다. 그 사이에 지역 군소 업체는 말라 죽고 만다. 책도 매체에 소개되면 날개 돋친 듯 팔려나간다. 그러는 동안 좋은 책들이 판단력을 잃은 독자에게서 버림받는다. 이렇게 우상을 모신다, 우리는.

어차피 온 세상이 무대고 모든 사람이 배우에 불과하다면 극장의 우상이 널리 퍼져 있는 게 당연한 걸까? 그렇다 할지라도 최소한 좋은 대사를 읊으려는 시도는 해야 하지 않겠는가?

키워드 근대 철학 우상

105

라블레와 도미에

— 거인의 배변

가르강튀아와 팡타그뤼엘은 프랑스의 르네상스 인문주의자 프랑수아 라블레가 쓴 소설의 주인공이다. 아버지 가르강튀아와 아들 팡타그뤼엘은 거인이다. 그들은 "하고 싶은 대로 하라"는 신조에 맞춰 대식과 폭음을 즐긴다. 엄청난 거구로 과하게 먹고 마시는지라 배출량도 상상을 초월한다. 귀찮게 구는 사람들에게 '장난 삼아(par ris)' 소변을 봤는데 몇십만 명이 오줌 홍수에서 허우적댄 일이 있어 그곳이 파리가 되었다는 우스갯소리를 라블레는 전한다.

문학비평가 미하일 바흐친은 라블레의 작품을 카니발레스크 소설이라 정의한다. 카니발, 즉 축제라고 요약되는 중세의 대중문화에는 모든 사람들이 동등하게 참여했다. 우리의 탈춤을 연상시키듯 축제에선 지배자와 피지배자, 신성함과 불경스러움, 공연자와 관람자가 뒤섞여 어우러진다. 그런데 근대로 오며 이런 축제가 많이 사라졌다. 바흐친의 주장은 축제가 완전히 사라

224

진 것이 아니라 라블레 같은 사람들의 글 속으로 스며들어갔다는 것이다. 라블레의 글이 갖는 풍자와 해학의 요소를 높이 평가한 논지일 게다.

한편, 무한정 먹어대는 거인의 모습을 나쁘게 묘사한 경우도 있다. 사실주의 화가로 알려진 오노레 도미에는 타락한 사법부나 실수만발의 무능한 정부를 조롱한 풍자만화가였다. 1830년 '7월혁명' 이후 루이 필리프가 프랑스의 왕이 되었다. 훌륭한 '시민왕'이 되리라는 기대와 달리 그의 정책은 혁명을 주도한 시민들의 불만을 해소하지 못했다. 도미에는 루이 필리프를 가르강튀아처럼 묘사한 삽화를 그렸다. 가난한 사람들의 재산이나 뇌물을 마구 흡입하는 상황을 거인의 식욕에 빗댄 그림이었다. 도미에는 결국 6개월간 투옥되었다.

마구 먹어댄 이명박 정부의 뒤처리 역시 문제다. 더구나 조사 대상이 특검을 비난하고 방해한다. 그들이 먹어댄 결과로 나올 배변을 처리하는 일은 결코 '장난'이 아니다. 그것을 엄정히 다룰 지도자의 의지가 필요하다.

키워드 근대 문학 작가 풍자 부정부패 탐욕 지도자

106

요한 테첼

— 면죄부보다는 면벌부

죄인에게 더 이상 죄를 묻지 않으려 할 때 '면죄부를 주었다'는 표현을 흔히 사용한다. 일반적인 용례에서는 문제가 없지만, 학계에서는 '면죄부'를 '면벌부'로 대체하는 추세다. 중세 신학에서 이 증서는 죄를 사해주는 것이 아니라 죄에 따르는 벌을 면해주는 효력을 갖기 때문이다. 죄인은 기도, 단식, 자선, 순례 등의 '벌'로 속죄한다. 생전에 그 일을 하지 못한 사람들은 연옥에서 오랜 고통을 받아야 한다.

면벌부는 종교개혁의 계기가 되면서 역사라는 무대의 전면에 섰다. 십자군전쟁이나 순례 여행 참여자들에게만 발부되던 면벌부가 루터의 시대에 이르면 약간의 현금을 지불한 자들에게 널리 발부되었다. 당시 성 베드로 성당을 재건하려는 교황청과, 자신의 관할 지역을 넓히려는 과정에서 빚을 진 독일의 알브레히트 대주교는 자금이 필요했다. 그들은 면벌부 판매에서 재원을 발견했고, 요한 테첼이라는 독일 성직자에게 그 일을 맡겼다.

테첼에겐 대중을 선동하는 비상한 재주가 있었다. 낳아 기르고 유산을 남겨준 부모와 친척을 몇 푼이면 구할 수 있는데, 그걸 아껴 연옥의 불꽃 고통을 받게 하느냐는 그의 말에 사람들은 지갑을 열었다. 그렇게 돈을 모았다. "금고에 넣은 동전이 짤랑거리면, 영혼은 연옥에서 벗어난다"라는 말도 그가 했다는 증거가 없지만 그의 말이 되었다. 루터가 95개조 반박문에서 면벌부 판매를 지목하며 "금고에서 동전이 짤랑거리면, 탐욕만이 증가할 뿐"이라고 힐난했기 때문이다. 그것은 테첼이 자신의 임무에 성공했다는 증거일 수도 있다.

그럼에도 그의 말년은 비참했다. 교황청에서는 가톨릭 교리를 왜곡했다는 이유로 그를 태형에 처했고, 대주교조차 그를 보호하지 않았다. 민중의 폭력마저 두려워진 그는 수도원에서 생을 마쳤다. 우두머리가 죄를 지어도 하수인만 벌을 받을 뿐임을 이곳의 관료들도 알지 않을까? 그러나 면벌부가 암시하듯, 죄는 사라지지 않는다.

키워드 근대 종교 탐욕 청렴·청빈

107

마르틴 루터

— **구원은 어디에**

한 젊은이가 여행 도중 혹독한 폭풍우를 만나 죽음의 공포를 느꼈다. 그는 살아난다면 평생 수도자로 헌신하겠다고 여행자의 수호성인에게 간절히 청했고, 살아 돌아온 뒤 약속대로 수도승이 되었다. 그러나 뒷날 그는 종교개혁의 기치를 내걸고 가톨릭 교회에 반기를 드는 역사의 아이러니를 만들었다. 그가 바로 마르틴 루터다.

루터가 교황청과 결별한 계기가 교황의 허가 아래 면벌부를 판 일에 대한 비판에 있음은 잘 알려져 있다. 하나 그것은 표면적인 이유일 뿐, 깊이 들여다보면 교회에서 표방하는 인간 영혼의 구제 방식에 대한 불만에 결별의 원인이 있었다. 가톨릭교회에서 구원받을 인간은 참된 믿음을 가져야 할뿐더러 착한 일도 해야 했다. 거기에는 성사를 받들고, 성지를 순례하고, 금식 기도를 하는 일들이 포함되었다. 면벌부를 사는 것은 그 착한 일의 하나였을 뿐이다.

루터는 단지 믿음만으로 구원에 이를 수 있다고 주장했다. "면벌부를 사서 현세와 내세의 벌을 용서받는다면 누가 고백할 것인가? 그렇게 지옥에 간 영혼은 누가 책임질 것인가?" 그래서 루터는 면벌부 판매를 비판하는 95개조 반박문을 비텐베르크 성당 문에 내걸었던 것이다. 믿음만으로 구원받을 수 있다면 성직자의 위계질서가 필요 없다. 모두가 《성서》를 읽고 스스로 사제가 되어 자신의 구원을 추구할 수 있기 때문이다.

루터의 95개조는 '사람들은 교회라는 제도에 기대지 않고 스스로의 양심에 비추어 구원을 얻을 수 있다'는 함의를 갖는다. "가난한 사람들에게 자선을 베풀고 돕는 일이 면벌부를 사는 것보다 훨씬 착한 일임을 기독교인은 배워야 한다."

개신교 창시자의 가르침은 세계 최대의 성전을 자랑하는 일과 거리가 멀다. 현대판 면벌부인 양 헌금을 독려하는 행태와도 상반된다. 서울시를 봉헌하겠다던 전직 시장과 대법관 후보의 발상과도 어긋난다. 개신교 출범의 역사를 조금이라도 안다면 있을 수 없는 일들이 이 땅에서는 난무한다.

키워드 근대 종교 탐욕 청렴·청빈

108 발다사레 카스틸리오네

— 교양인의 덕목

이탈리아 중북부에 우르비노라는 아담한 도시가 있다. 역사에서 크게 부각된 적이 없었던 이 도시가 사실은 르네상스 시대에 고도로 발전한 궁정 문화를 보여준다. 15세기에 이 도시의 지배자인 몬테펠트로 공작은 바티칸에 버금가는 도서관을 세웠고, 오늘날까지 건축의 걸작으로 꼽히는 궁정에서 인문학자들과 교류를 즐겼다.

이 도시가 배출한 가장 유명한 인물은 화가 라파엘로지만, 그에 못지않게 우르비노의 문화적 위상을 드높인 자로 발다사레 카스틸리오네가 있다. 외교관으로 탁월한 능력을 보였던 그를 오늘날 우리는 《궁정인의 책》이라는 저서로 기억한다. 궁정에서 생활하는 귀족들의 행동 지침을 다룬 이 책은 우르비노의 문화적 품격을 엿보게 해주는 한편, 교양인으로서 추구해야 할 이상적인 삶의 상을 알프스 이북의 유럽으로 확산시켜 중세 이래 전사였던 귀족을 신사로 바꾸는 데 기여했다.

궁정인은 고전의 덕목을 알아야 하기에 라틴어와 그리스어를 배워야 한다. 시인과 웅변가와 역사가가 되기 위한 훈련도 쌓아야 한다. 레슬링과 수영과 테니스 같은 운동에도 능해야 한다. 한마디로 '만능의 천재'라는 르네상스 시대의 이상적 인간형이 되어야 한다. 그러면서도 용감하고 유머 감각이 있으며 예의범절을 지켜야 한다.

하지만 무엇보다도 궁정인은 좋은 가문 출신이어야 한다. 그렇다고 명문가의 자제가 반드시 좋은 궁정인이 되는 것은 아니다. 궁정인은 덕망이 있는 일을 하지 못해 선조들의 명망을 잇지 못하면 수치심을 느껴야 한다. 비천한 출신과 달리 그들은 온 힘을 다해 밝힐 덕에 대한 추진력과, 부끄러운 악행에 대한 후대 평판의 두려움을 명확하게 인식해야 한다. 그러니 그가 말하는 '출신'이란 핏줄이 아니라 삶에 대한 태도로 나뉘는 것일 게다.

이 땅의 지도층에게 궁정인의 품격을 바라는 건 지나친 기대일까? "5·16이 결론적으로 민주주의에 기여한 혁명"이라고 말하는 이들이 최소한의 역사 인식을 갖춰 부끄러움을 배우기를.

키워드 근대 지도자 덕목 역사관

이사벨라 데스테

— **역사를 아는 여인**

우리는 티치아노가 그린 초상화로 만토바 후작부인 이사벨라 데스테를 떠올린다. 총명하고 아리따운 20대의 자태인데, 사실 60대의 모습을 그린 것이다. 원래 그림이 너무 늙어 보인다며 다시 그리게 했다. 이 일화만으론 이사벨라가 허영심 많은 귀부인으로 보일 것이다. 하지만 그는 통치자로서 만토바를 안정시켰고, 문학과 예술의 후원자로도 명성이 높았다.

만토바는 피렌체, 베네치아, 밀라노 사이의 작은 도시로 존립 자체가 절박했다. 남편인 만토바 후작 프란체스코 곤자가가 베네치아의 포로가 되었을 때, 이사벨라는 군 통수권을 거머쥐고 3년 뒤 남편이 석방될 때까지 외침을 잘 막아냈다. 피렌체, 밀라노와 관련된 외교 문제도 훌륭하게 풀어냈다.

석방된 뒤 남편이 아내의 더 뛰어난 정치 능력을 알고 모욕을 느낀 나머지 부부 관계가 소원해졌다. 남편은 처남의 아내인 악녀 루크레치아 보르자와 불륜에 빠졌다. 그들이 불장난을 지속하는 동안에도 이사벨라는 남편의 아이들을 낳으며 정숙한 아내의 몫을 다했다. 남편이 사망한 뒤에는 어린 아들 대신 섭정을 하여 만토바의 위상을 높였다.

이사벨라는 문화적 취향도 뛰어나 문인들과 격조 높은 서신을 교환했고, 당시 유럽의 패션을 이끌었으며, 여러 악기를 잘 다뤘다. 그뿐 아니라 문인과 예술가들도 넉넉하게 후원했다. 그가 후원한 그림 중에 〈정숙함과 음탕함의 싸움〉이 있다. 물론, 초상화에서 젊게 보이려던 욕망은 탕녀 루크레치아에 대한 못마땅한 속내의 표현이었을 게다.

'관대하고 고결한 이사벨라', '최고의 여성', '세계의 퍼스트 레이디'라는 명성은 어디에서 왔을까? 그는 그리스어, 라틴어를 포함하여 탁월한 인문학 교육을 받았다. 그중에서도 어렸을 적부터 가장 큰 관심을 기울인 것은 로마사였다. 올바른 역사 인식이 좋은 통치자를 만든다는 예이다.

키워드 근대 지도자 여성 역사관

110

남아메리카의 선교사들

— **그들만의 미션**

1492년 콜럼버스의 항해는 아메리카 대륙의 원주민에게 재앙을 초래했지만, 유럽에도 혼란을 가져왔다. 에스파냐의 국왕 페르디난도와 여왕 이사벨라의 후원을 받아 떠난 항해였지만, 경쟁국 포르투갈은 눈앞에 펼쳐진 신천지가 더해줄 막대한 국력 신장의 잠재력을 묵과할 수 없었다. 포르투갈 국왕은 콜럼버스가 발견한 땅은 포르투갈의 영토라는 위협조의 편지를 에스파냐에 보냈다.

1479년에 교황청에서 승인한, 카나리아 제도 남쪽의 모든 땅은 포르투갈에 속한다는 양국의 조약이 근거였다. 포르투갈은 함대를 파견해 그 지역을 점령하겠다고 선언했다. 당시 포르투갈에 대적할 군사력이 없었던 에스파냐의 공동 국왕은 외교력에 의존하기로 결정했다. 그리하여 에스파냐 출신의 교황 알렉산데르 6세의 주재로 맺어진 것이 토르데시야스 조약이었다.

카보베르데 제도 서쪽 370해리에 그어진 가상의 선을 기준으로 그 서쪽은 에스파냐가 차지하고, 동쪽은 포르투갈의 소유가 된다는 것이다. 교황청에서 막강한 두 경쟁 국가의 지지를 모두 얻기 위해 세계를 나눠줬던 것이다. 그리하여 아메리카 대륙은 에스파냐, 동방의 향신료 교역로는 포르투갈의 몫이 되었다. 그러나 당시 유럽인들은 그들의 '새로운 세계'에 대해 잘 알지 못했다. 1500년에 포르투갈인 카브랄이 인도로 향하다가 표류하여 브라질에 도착했다. 그런데 이곳이 그 경계선의 동쪽에 있었다. 남아메리카 대륙에서 브라질이 유일하게 포르투갈의 식민지가 되었던 까닭이다.

서양의 주요 문화사 개설서에는 이곳에서 제수이트 교단이 과라니족에 성공적으로 포교하여 이상적인 공동체를 만들었다는 내용이 전부이다. 영화 〈미션〉은 그 이상적 공동체가 에스파냐와 포르투갈의 이해관계에 의해 철저히 파괴된 이후의 역사를 보여준다. 그러나 영화에서도 평화와 전쟁의 기로에서 대립하는 두 신부만 영웅적으로 부각될 뿐 원주민의 목소리는 별로 들리지 않는다.

키워드 근대 식민지 종교 원주민

111 이븐 할둔

— 아프리카의 지혜

내 생각으로 14세기 말에 사고의 폭과 깊이가 가장 탁월했던 학자는 르네상스의 본향인 이탈리아나 다른 유럽 국가에 있지 않았다. 인간 삶의 기본적 요인인 시간과 공간에 대해, 그리고 그 둘의 함수관계에 대해 빼어난 식견을 보여주었던 이 인물은 튀니지 출신의 이슬람 지식인 이븐 할둔이었다.

이븐 할둔은 본디 베르베르인의 역사를 쓰려다가 '보편사'를 쓰게 되었다. 그 책의 첫 권은 《무카디마》*라고 알려져 있는데 독립적인 책으로 볼 수도 있다. 그는 사회 갈등 이론을 만들어 냈다. 어떤 사회가 다른 지역을 점령하여 지배 문화가 되면 곧 쇠퇴기가 뒤따른다는 내용이다. 정복한 집단은 정복당한 문명인에 비해 야만인이다. 하지만 정복된 사회에 대한 지배력을 강화하면서 그 문명의 세련된 측면에 매료된다. 즉 문학이나 예술 같은 문화적 관례에 동화되고 약화되어 또 다른 야만인들에게 정복당하는 과정이 반복된다는 것이다.

이븐 할둔은 마르크스 노동가치 이론의 선구자로도 알려져 있다. 모든 가치는 노동으로부터 오며, 가치를 계속 부가하는 과정에서 경제가 이루어진다. 노동이 기술과 결합된 결과, 상품은 더 높은 가격에 팔린다는 것이다. 또한 그는 인류의 문명권을 주거지와 생활 방식에 따라 구분하기도 했다. 비코나 몽테스키외의 선구자인 셈이다. 그가 찾으려 했던 것은 문명권의 발생, 성장, 몰락을 지배하는 법칙이었고, 그것을 통해 그는 역사의 궁극적 의미를 알려 했다.

넘쳐나는 혜안을 펼치기에 앞서 그는 학자가 빠지기 쉬운 함정을 경계한다. 신조 때문에 객관성을 잃는 것, 자료에 대한 과신, 본래 의도의 곡해, 진리에 대한 오도된 믿음, 맥락을 찾지 못하는 무능력, 높은 지위를 가진 사람의 호의를 얻으려는 욕구, 사회 변화를 지배하는 법칙에 대한 무지가 그것이다. 마치 우리 사회의 병폐 목록인 것 같다.

키워드 중세 지식인 역사가

• 《무카디마》는 국내에서 《역사서설》이라는 제목으로 출간되었다.

장 프루아사르

— 기사도의 산증인

중세 말 영국과 프랑스가 벌였던 백년전쟁은 사실 100년이 넘도록 지속되었다. 당시에는 왕가들 사이의 정략적인 혼인 때문에 영토의 소유권에 대한 분쟁이 벌어지기도 했는데, 이 전쟁도 프랑스의 공정왕 필리프의 손자였던 영국 왕 에드워드 3세가 프랑스 내부의 거대한 영토에 대한 지배권을 요구함으로써 촉발되었다. 불필요하게 오래 끌었다는 평을 받기도 하는 이 전쟁을 통해 양국 모두에서 국민감정이라고 말할 수 있는 것이 싹트기 시작했다. 교회가 아닌 국가가 사람들의 최고 충성의 대상으로 떠오른 것이다. 그런 이유로 이 전쟁이 근대의 여명을 밝혔다고도 한다.

우리가 이 전쟁의 전반부에 대해 상세하게 알 수 있는 것은 장 프루아사르라는 연대기 작가 덕분이다. 그는 《영국, 프랑스, 에스파냐 연대기》라는 종군 기록을 남겼다. 그는 프랑스 태생이지만 영국 왕의 부름을 받아 그 책을 썼기에 객관적인 필치를 유지할 수 있었다고 평가받는다. 게다가 아직 국가라는 관념이 모호하던 시기라 비교적 자유롭게 국경선을 넘나들 수 있었고, 양국 모두에 절친한 인물들이 많아 제약 없이 글을 쓸 수 있는 분위기가 갖춰져 있었기 때문이라는 판단도 있다.

그렇지만 그의 객관성은 무엇보다도 행위의 고결성을 강조하는 기사도의 기준에 충실하려 했던 마음 자세에서 비롯된 것처럼 보인다. 그에게는 전쟁의 원인이 중요하지 않았다. 누가 이기고 지는지도 중요하지 않았다. 그는 전쟁에서 우아하게 승리하는 자나 고귀하게 패배하는 자에 초점을 맞추며 서술했다. 귀족주의의 고결한 가치를 강조한 나머지 농민반란 같은 사건을 경멸적으로 바라보았다는 비판을 받기도 하지만, 그것은 당시 귀족들의 시대적인 한계였다.

중세 말 연대기 작가를 되돌아보며 우리 사회 '지도층'의 부끄러운 행태와 대비되는 괴리감을 느껴야 한다는 것 자체가 모멸이다. 선거 때면 유권자들이 후보자의 고결성을 우선적으로 고려하는 풍토가 정착되길 기대한다.

키워드 중세 전쟁 영토 국가 신념

113

성녀 카테리나

중세에 단식은 힘이 없는 사람들이 자신의 의사를 표현하거나 신과 소통하려는 정당한 수단으로 간주되었다. 권력에 접근할 길이 원천적으로 봉쇄되었던 여성이 주로 의존하던 방법이었음은 미루어 짐작할 수 있다. 단식 중에는 음식을 거부하는 '거식증'의 단계가 나타난다. 체형 관리에 신경을 쓰며 음식물의 섭취가 비만으로 이어질까 두려워하는 현대 여성의 거식을 '신경성 거식증'이라고 부르는 반면, 중세 여성의 증상은 '신비로운 거식증'이라 칭한다.

그 '신비로운 거식증'은 금욕의 행동이다. 그것은 평생 순결을 지킨다든가, 자신의 몸에 채찍질을 가하며 고행을 한다든가, 가시방석 위에서 잠을 청하는 것과 같은 가톨릭의 오랜 관행과 궤를 같이한다. 육신의 안락을 거부하고 고통에 동참하며 신을 맞이하려는 행동인 것이다. 그렇게 단식하는 여성들은 성찬식을 위한 밀빵 이외의 모든 음식을 거부했고, 그렇게 함으로써 신에게 헌신함을 증명했다. 그것은 거룩한 영혼이 육신과 분리되어 있음을 보이려는 행동이기도 했다. 시에나의 성녀 카테리나는 33년을 그렇게 살았다고 알려졌는데, 당시에는 그렇게 오랫동안 영양분을 섭취하지 않는 것이 영혼이 육체보다 더 강인하며 중요하다는 사실을 보이는 증거라고 믿었다.

카테리나는 사망한 언니의 남편과 결혼하라는 집안의 강요에 저항하는 수단으로 단식을 시작했지만, 곧 그것은 자기 자신과 주변 세계를 통제하는 방편이 되었다. 그렇게 자아에 대한 더 큰 성찰과 내적인 자유를 얻은 카테리나는 신학에 업적을 남겼을 뿐 아니라,● 프랑스에 있던 교황 그레고리우스 11세가 바티칸으로 되돌아오게 하는 일에도 기여했다. 그 결과 그는 아시시의 프란체스코와 함께 이탈리아의 수호성인으로 남게 되었을 뿐 아니라, 1999년에는 교황 요한 바오로 2세에 의해 유럽을 수호하는 여섯 성인의 반열에 올랐다.

단식의 대척점에 폭식이 있다. 그것은 일곱 가지 대죄에 들어간다.

키워드 중세 종교 여성 저항 청렴·청빈 탐욕

● 《신성한 섭리와의 대화》는 1377년에서 1378년에 걸쳐 완성한 카테리나의 저서다. 카테리나가 구술한 것을 다른 사람이 받아썼으리라는 추측도 있지만, 그녀가 문장 여러 곳을 직접 손본 것으로 보인다. 이 책은 신에게 도달하려 솟아오르는 영혼과 신 사이의 대화로 꾸며져 있다. 그녀는 이탈리아 시에나 부근에 엄격한 절제와 금욕을 강조하는 수녀원을 세우기도 했다.

114
칼레의 시민들

— **노블레스 오블리주**

중세 말의 연대기 작가 장 프루아사르는 백년전쟁 초기에 있었던 감동적인 일화를 전한다. 조각가 로댕도 이 이야기에 자극받아 〈칼레의 시민〉이란 작품을 남겼다.

1347년 프랑스의 칼레 시는 영국 왕 에드워드 3세의 군대에 포위되어 마침내 항복을 했다. 시장 비엔은 피해는 최소로 줄이되 존엄만은 지키려고 적장들과 담판을 벌였다. "우리는 프랑스 국왕의 명령에 따라 이곳을 명예롭게 지켰소. 온 힘을 다했으나, 먹을 것조차 떨어졌소. 당신들 국왕이 은혜를 베풀지 않으면 우리는 굶어 죽습니다. 도시 전체를 바치니 우리 모두 무사히 떠나도록 해주시오."

늠름한 태도에 감동받은 영국의 장군들은 왕에게 그의 말을 호의적으로 전했다. 왕은 포위전을 하는 동안 큰 피해를 안긴 칼레 시에 원한을 품고 있었다. 그는 가혹한 조건을 걸었다. 도시의 유지 여섯이 삭발을 하고 목에 밧줄을 묶은 채 거리의 모든 열쇠를 갖고 맨발로 영국 왕 앞에 출두하라는 것이었다. 칼레의 시민들은 그 조건을 받아들였다. 가장 부자였던 사람이 다른 시민들을 구할 수 있다면 나서겠다고 자원했다. 곧 이웃의 존경을 받던 다른 사람이 따라나섰고, 여섯 명이 채워졌다. 그들이 영국 왕 앞으로 출두할 때 모든 시민이 울며 뒤따랐다.

영국군 진지 앞에 서자 왕과 장군들은 물론 임신 중인 왕비까지 늘어서서 그 광경을 지켜봤다. 왕이 처형 명령을 내렸다. 장군들이 나서서 그들을 처형하면 국왕의 명성에 누가 된다고 구원을 간절히 청했다. 왕이 뜻을 굽히지 않자 왕비 필리파가 나섰다. "왕이시어, 저는 지금까지 한 번도 부탁을 드린 적이 없습니다. 겸허히 청하오니, 성모 마리아와 당신이 제게 잉태시킨 사랑의 이름으로 저 여섯에게 자비를 베푸소서." 잠시 침묵을 지키던 왕이 무릎 꿇고 눈물을 흘리는 왕비에게 그대의 뜻대로 하라고 말했다.

희생을 자청한 지도층, 왕에게 간청한 장군들과 왕비, 그들의 참뜻을 받아들인 왕. 그 모두가 우리에겐 부러운 귀감이다.

키워드 중세 전쟁 지도자 노블레스 오블리주

115
고다이바
― 벌거벗은 영주 부인

영국 중부에 유서 깊은 도시 코번트리가 있다. 이 도시와 관련된 역사나 전설도 많지만, 가장 널리 알려진 것은 고다이바 부인이 나체로 저자 한 바퀴를 돌았다는 설화다. 코번트리 시민들은 영주의 가혹한 과세로 고통받았다. 아내인 고다이바 부인은 세금을 감면해주라고 여러 차례 간절히 청했지만 남편은 완강하게 거절했다. 그래도 이어지는 아내의 탄원에 지친 남편은 만일 아내가 벌거벗은 채 말을 타고 마을의 큰길을 통과한다면 요청을 수락한다고 제안했다. 뜻이 그렇게 고결하다면 원초의 순백한 상태로 나서보라는 것이었다.

설마 그 일을 할까 하며 낸 꾀였지만, 고다이바 부인은 약속을 지킨다는 다짐을 남편에게 받아낸 뒤 포고령을 내렸다. 자신이 그 일을 하는 동안 모두 창문을 잠그고 집 안에 있으라는 것이었다. 톰이라는 이름의 재단사 한 명만이 창문에 구멍을 뚫고 그 광경을 훔쳐봤다. 그 순간 맹인이 되었다는 전설 속의 톰은

244

관음증 환자를 지칭하는 이름으로 남았다. 결국 남편은 아내와 한 약속을 지켜 과도한 세금을 금지했다 한다.

어떤 학자들은 이 전설을 풍요제와 관련 있는 민간신앙과 연관시킨다. 또는 사람들이 모여 있는 시장 거리에서 이 일이 있었다거나, 자신이 지은 죄를 참회하기 위해 거리를 걸었던 일이 미화된 것이라고 논하는 학자도 있다. 그런 논란은 사소한 것에 집착하는 학자들의 버릇에서 비롯된 것처럼 보인다. 기록으로는 13세기로 거슬러 올라가는 이 이야기가 아직도 회자되는 이유는 평민들의 고통에 공감하는 지배자 부인의 따뜻한 마음에서 자연스레 전해오는 감동에 있을 것이다. 오늘날 나체 시위가 곳곳에서 비폭력적 저항의 수단으로 사용되는 것도 정신적으로 일맥상통한다.

대통령은 할 일이 너무 많아 비판을 들을 시간이 없다고 감싸던 이 땅의 전직 대통령 아내와는 너무도 다른 모습이기에 더욱 돋보이는 일화다. 옛 영어에서 '고다이바'는 '신이 주신 선물'을 뜻한다.

키워드 중세 여성 지도자 노블레스 오블리주 저항

116 카롤루스 대제

— 크리스마스 대관식

800년 12월 25일, 교황 레오 3세는 로마의 성 베드로 성당에서 프랑크왕국의 왕 카롤루스에게 '로마인들의 황제'의 관을 씌워 주었다. 그것은 로마까지 찾아가 외적의 위협을 받던 교황에게 도움을 준 일에 대한 보답일 수 있다. 그렇지만 유럽 역사의 한 전환점을 이룬 인물에 합당한 의전이었다고 보는 게 역사적으로 통용되는 해석이다.

업적이 그 해석을 증명한다. 그의 생애는 전쟁으로 이어져 있다. 그는 모든 방향으로 전쟁을 벌여 유럽 대부분의 지역을 점령하며 프랑크왕국의 전성기를 열었다. 무력뿐 아니라 문치에도 탁월해 학문과 교육을 진흥했다. 또한 수도원 학교를 세우고 유럽 곳곳에서 유능한 교사를 초빙했다. 특히 영국 출신의 당대 최고 학자인 앨퀸을 초청해 수도 엑스라샤펠의 왕립 학교를 맡기고, 고전 자료를 편찬해 학문 연구를 발전시킨 것을 '카롤링거 르네상스'라고 일컫는다.

교황이 대관식을 집전한 것은 새로운 세계의 탄생을 알리는 의미를 갖는다. 바로 지중해 주변에서 중요한 일들이 벌어지던 고전고대의 세계에서 알프스 이북으로 중심이 이동한 것, 게르만인들이 새로운 인적 자원으로 유럽의 역사에 편입되면서 로마제국의 법통을 이어받은 것, 로마 가톨릭교회가 국가와 연합해 서로를 보호해주며 새로운 세력으로 등장한 것 등을 꼽을 수 있다. 한마디로 새로운 유럽이 탄생한 것이다.

카롤루스 대제의 프랑스어 이름을 붙인, 유럽 통합의 이상에 기여한 인물에게 주는 샤를마뉴상이 있다. 그 상을 받았던 교황 요한 바오로 2세는 수상 연설에서 카롤루스를 '유럽의 아버지'라 불렀다. 과분한 칭호가 아니지만, 더 중요한 것은 그의 이름 자체가 왕을 가리키는 명사가 되었다는 사실이다. 동유럽 여러 나라에서 왕을 가리키는 단어인 '크롤, 크랄' 등의 많은 단어가 카롤루스의 파생어다. '명박산성'이나 '명박상득'이라는 신조 사자성어로 기억될 지도자와는 격이 달랐다.

키워드 중세 지도자 덕목

117 애국주의자들

— 국가를 진정 사랑한다는 것

국가를 책임지고 있는 자들이 정의롭지 못한데도 충성을 바쳐야 할까? 그것이 가당치 않다면 과연 사람들이 충성을 바쳐야 할 대상은 무엇인가? 이것은 고대부터 수많은 사상가들이 관심을 기울여왔던 문제다. 키케로, 리비우스와 같은 고대 로마의 사상가들은 '파트리아(patria)'라는 추상적인 국가에 충성을 바쳐야 한다고 설파했다. 그것은 공동의 자유와 선이 존재하고 법과 제도에 따라 운영되는 나라를 말한다.

그 개념은 성 아우구스티누스와 토마스 아퀴나스 같은 중세 신학자들을 거쳐 르네상스 시대의 인문주의자들에게 계승되었다. 레오나르도 브루니가 피렌체를 사랑한 것은 그곳이 자신이 태어난 장소여서가 아니라, 그곳에서는 자유롭고 평등한 시민들이 명예를 추구하며 살 수 있었기 때문이다. 계몽사상가들은 장소로 본 국가인 '네이션'이 아니라 공공선을 추구하는 추상적인 국가인 '파트리아'를 위해 혼신을 다해야 한다는 '애국주의' 개념을 더욱 정밀하게 만들었다.

그렇지만 그것이 실체적으로 모습을 드러낸 곳은 영국이었다. 정치 기득권층과 금융권의 정경 유착이 만연했던 시기에 일부 급진 세력은 그것이 영국인의 자유를 파괴한다고 비판했다. 그들에게는 사적 이익보다 공공의 이익이 우선하는, 자기희생의 정신이 살아 있는 나라를 사랑하는 자들이 진정한 애국자였다. 그 대표자였던 앨저넌 시드니는 그 명분을 위해 목숨까지 바쳤다.

왕정복고 이후 그는 국왕 찰스 1세의 처형을 옹호했다는 이유로 체포되었다. 교수형을 앞두고 그는 자신의 생애가 "부패한 원칙과 자의적인 권력에 맞서 인류의 공동 권리와 이 땅의 법"을 지켜온 것이라고 술회했다. 그는 "진실이 반역으로 통용되는 시대"에 살았다는 것이다.

국민으로서 우리는 어떤 나라를 사랑해야 하는가? 무엇을 위해 애국해야 하는가? 비감하게, 그러나 올바른 정신으로 묻지 않을 수 없는 나라에 우리는 살고 있다.

키워드 고대 중세 근대 국가 애국

성 베네딕투스

― **수도원의 규칙**

기독교가 유럽에서 저변을 확장할 수 있었던 주요한 동력은 수도원 운동의 확산이었다. 그 운동의 핵심에는 베네딕투스 수도원이 있었다. 이 수도원의 창시자인 성 베네딕투스는 《수도원의 규칙》이라는 책에서 수도승의 생활 수칙을 규정했다. 이 규칙은 베네딕투스 수도원을 넘어 중세 거의 모든 수도원에서 받아들이는 이상이 되었다.

《수도원의 규칙》은 수도승의 하루 일과와 생활 자세까지 명시할 정도로 내용이 상세하지만, 크게 보아 수도승은 정절·청빈·순명이라는 3대 원칙을 지켜야 했다. 풀어 말해, '수도승은 결혼하지 않는다', '수도승은 재산을 갖지 않는다', '수도승은 하느님은 물론이고 수도원 내 상급자의 명령을 절대적으로 받든다'는 것이었다.

수도승이 살아가던 현실과는 서로 어긋날 수밖에 없는 원칙이었다. 당시 많은 성직자가 사실혼 관계를 유지하고 있었다.

수도원 내부의 권력 다툼을 순명이라는 원칙으로 어떻게 설명할 수 있는가? 중세 말엔 특히 청빈이라는 계율이 문제가 되었다. 실질적으로 대성당이나 수도원은 거대한 재산을 소유한 세력이었는데 수하의 사제들에게는 청빈을 지키라니. 교회의 재산은 어떻게 정당화된다는 말인가? 움베르토 에코의 《장미의 이름》에도 간략하게 설명되어 있듯이, 교황은 수도승들에게 재산을 소유하라고 명했다. 논리인즉슨 그리스도와 제자들도 '옷'이라는 '재산'을 갖지 않았느냐는 것이다.

후대에 생겼지만 아시시의 성 프란체스코를 따라 수도승의 청빈을 베네딕투스 교단보다 더욱 강조하던 프란체스코 교단에서 이에 반발했다. 물이나 공기는 사람들의 삶에 필수적이지만 그것이 개인이 소유한 재산일 수는 없다. 그와 마찬가지로 그리스도의 옷도 삶에 필수적이지만 소유물로 간주될 수 없는 '우수스 팍티(usus facti)'라고 주장하며, 사용권과 소유권을 구별하여 청빈한 삶을 옹호했다.

대성전을 경쟁적으로 지어가며 신도들을 자극하는 목회자들이나 그에 맹종하는 신도들 모두 눈여겨봐야 할 덕목이다.

키워드 중세 종교 청렴·청빈 탐욕

119

보에티우스

— 철학의 위안

5세기 말부터 이탈리아는 동고트족의 테오도리쿠스 왕이 다스렸다. 왕의 큰 관심사는 고트인과 점령한 로마인 사이에 조화를 이루는 것이었다. 그는 로마의 문화나 제도를 대체로 유지하면서 고트인은 군사력만을 담당하도록 만들었다. 이런 통치 방식으로 로마인과 고트인의 공생 체계가 어느 정도 확립되었다. 그러나 아리우스파의 기독교를 믿던 고트인과 정통 가톨릭을 고수하던 로마인 사이에 마찰이 심해졌다. 로마인에 대한 왕의 태도도 점차 가혹하게 변했다. 보에티우스의 운명은 그것을 단적으로 보여준다.

왕은 융합 정책의 하나로 당대 최고의 철학자 보에티우스를 수상에 임명했다. 그의 수많은 업적 중 가장 중요한 것은 논리학에 관한 아리스토텔레스의 저작에 주석을 달고 라틴어로 번역한 것이다. 불행히도 주석은 현존하지 않지만, 그의 작업은 고대 말기 최대의 문화유산이라 말할 수 있다. 라틴어의 철학적

용어 체계를 확립해서, 서유럽 세계에 철학은 물론 신학과 법학을 위한 설명 도구를 제공한 것이다.

하지만 대다수는 《철학의 위안》으로 그를 기억한다. 그는 서로마 교회와 동로마 교회의 관계를 부활시키고자 했다. 한편, 동로마제국에선 테오도리쿠스 왕국의 세력이 커지는 것을 견제했다. 그런 상황에서 동로마제국 사람들과 편지를 주고받은 보에티우스의 행동은 왕의 의심을 살 만했고, 결국 그는 반역 혐의로 투옥되었다. 1년 뒤 처형되기까지 운명을 탓하지 않고 감옥에서 쓴 책이 《철학의 위안》이다. 의인화된 '철학'과 보에티우스 사이의 대화에서, 그는 세상이 불공평해 보여도 더 높은 선이 존재하며, 그것을 추구하는 것이 신의 섭리가 명한 참된 행복과 최고의 선이라는 결론을 이끌어낸다. 불행과 정의의 관계, 선과 악의 문제를 철학적 사고 속에서 찾으려 한 시도였다.

그는 왕국에서 반역 혐의를 받아가며 자신이 뜻한바 옳은 일을 행하려 했다. 국가수반의 무리한 행동에 눈감는 이곳 공화국 관료들의 귀감이 되기에 충분하다.

키워드 중세 철학 종교 정의

120

성 시메온

— 고공의 성인

수도승들이 고행으로 참된 신앙을 증명하던 시절의 이야기다. 어린 수도승 하나가 사순절에 단식을 시작했다. 지나가던 수도원장이 약간의 물과 빵을 남겨줬다. 며칠이 지난 뒤 혼절한 채 발견되었는데, 그의 옆에는 물과 빵이 그대로 있었다. 오두막에서 1년 반을 나오지 않고 수도하기도 했고, 사지가 버티는 한도까지 꼿꼿이 서 있기도 했고, 산속 바위틈 좁은 공간에서 죄수처럼 지내기도 했다. 명성을 듣고 사방에서 사람들이 찾아왔다.

성 시메온은 사람들을 피해 폐허에 남겨진 기둥 위에 올라가 단을 쌓고 그곳에서 기거했다. 그래서 수평적으로 사람들을 피하다가 지쳐 수직적으로 도피했다는 말이 전한다. 그는 어린아이가 기둥을 타고 올라와 전해주는 빵과 염소젖으로 연명했는데, 그렇게 15미터 높이에서 37년을 살다가 사망했다. 역사가 에드워드 기번은 이 참을성 많은 '은둔자'가 기둥에서 내려오지 않고 "천상의" 삶을 마감했다고 기록했다.

그러나 사실 그는 은둔자가 아니었다. 전보다 더 많은 사람이 그를 보러 왔다. 그는 매일 오후 순례자들에게 설교했고, 사다리를 타고 올라온 방문객들을 만나 조언했으며, 제자들에게 가르침의 편지를 보냈다. 시리아의 사막 지역에서 부자들이 대도시로 떠났을 때, 시메온같이 거룩한 사람들이 가난한 자의 수호자 역할을 했기에 사람들이 그에게 열광했던 것이다. 기독교의 여러 종파에서 그를 성인으로 받들었고, 가톨릭교회에서는 1월 5일을 그의 축일로 삼았다.

이곳에선 삶의 밑바닥까지 몰렸어도 하소연할 곳조차 없는 사람들이 고공에 오른다. 단지 인간답게 살겠다는 요구마저 거절당한 사람들이 무엇보다도 소중한 목숨을 걸고 최후의 보루로서 타워크레인이나 송전탑이나 철탑이나 굴뚝에 오른다. 자신의 안위만이 아니라 비슷한 처지의 다른 사람들을 위해, 노동조건의 미래를 위해 위험을 무릅쓴다. 이들이야말로 가난한 사람의 모습으로 우리를 찾아온 예수요, 복음을 전파하는 성인들이다.

키워드 고대 종교 저항 권리 노동

121

이단 I

— 너희가 이단을 아느냐

'이단'이란 말을 들으면 대개 '사이비'를 연상한다. 그러나 역사 속의 이단은 그리 쉽게 단정 지을 수 없다. 단적으로, 이단이란 정통 종교와 어긋나는 교리를 신봉하는 종교적 신념이다. 하지만 그런 정의를 따라도 이단은 이해하기 어렵다. 정통과 이단의 대립에는 교리 문제에 더해 권력관계가 개입되며, 시대와 지역에 따라 다른 종교적 관행도 이 주제의 일반화를 어렵게 만든다.

이단은 지역에 따라 달라진다. 삼위일체설을 내세웠던 아타나시우스파와 부정했던 아리우스파는 니케아 종교회의에 같은 자격으로 참석했다. 삼위일체설이 인정되며 아리우스파가 이단이 되었지만, 동로마 여러 지역에서는 여전히 정통을 유지했다. 엘리자베스 여왕 시대에 정통 가톨릭은 영국에서 이단이었다. 스위스의 정통인 칼빈주의자들은 당시 프랑스에선 무장한 이단 집단에 불과했다.

이단의 정의는 시대에 따라서도 바뀐다. 예컨대 위대한 기독교 사상가 오리게네스는 생존하던 3세기에는 정통이었지만 6세기에는 이단이 되었다. 반면, 오늘날 정통을 자처하는 사람들은 종교를 지키려 처형된 순교자들을 찬양하지만, 실상 그 순교자들은 살아 있을 때 이단이었다. "순교자의 피가 교회를 위한 씨앗"이었다는 표현은 그들이 당대에는 명백한 이단이었음을 숨기고 있다.

상반되는 교리를 강조하는 기독교 교파들은 각기 주장이 극단으로 치달을 때 이단으로 분류된다. 감정적 열광을 강조하는 교파와 절제를 강조하는 교파의 대립에서 감정만을 강조할 경우 진정한 교리를 잊을 위험이 있고, 질서만을 강조하면 신도들의 종교적 열정을 채워주지 못할 위험이 있다. 객관적 신앙과 주관적 신앙의 대립도 있다. 가톨릭은 객관적이고 실천적인 삶을 강조하는 반면, 그리스정교는 주관적으로 신의 본질에 다가가는 것을 목표로 한다. 전자는 '사회적 복음'으로, 후자는 '신비주의'로 향할 가능성이 크며, 극단으로 흐를 경우 모두 이단이 될 수 있다.

키워드 종교 이단 중용

122

이단 II

— **이단의 참된 의미**

개인의 양심과 교회의 권위 사이의 대립도 있다. 마르틴 루터는 "여기에 내가 서 있습니다. 나는 달리 어찌할 수 없습니다"라며 성직자의 권위를 부정했다. 이는 이단이 된다는 것임을 쉽게 알 수 있다. 반면 간과하기 쉬운 것은, 개인의 내면에서 솟구치는 신앙심에 엄격한 제한을 가하면서 '교회가 말하기를', 혹은 《성서》에 따르면'이라는 문구를 앵무새처럼 반복해도 이단이 될 수 있다는 사실이다.

이단의 역사를 간략하게 훑은 이유는 단지 그 계보와 유형을 파악하려는 것이 아니다. 중요한 것은 이단의 역사가 주는 시사점이다. 서구에서 '이단'이란 사악함이나 거짓과 연관된 부정적인 명칭이 아니라, 개인의 신앙에 관한 사실의 진술이었다. 실제로 수많은 이단 논쟁을 통해 기독교 교리가 정비되고 체계화되었다. 이단의 역사를 통해 서구의 기독교계는 교파의 다양성을 받아들이고, 다른 교파에 관용을 베풀어야 한다는 가르침을 배웠다. 왜냐하면 이단의 정의를 내리는 신학자라 할지라도 유한자로서, 무한하고 영원히 이해할 수 없는 신 앞에선 겸허해야 한다는 것을 역사에 비추어 인정할 수밖에 없기 때문이다.

이에 비해 우리 종교계에 퍼져 있는 이단은 이단이라 불릴 자격조차 없는 비합리적 행태의 연속이다. 금전, 폭력, 성과 관련된 끊임없는 추문에도 사이비 종교가 횡행한다. 최소한의 인문학적 소양만 갖춰도 그 단순한 부조리를 꿰뚫어 볼 수 있다. 그러나 소양 없는 군중을 탓할 것만도 아니다. 논리적이고 체계적으로 이단의 문제를 제기하는 데 앞장서지 못한 기성 교단에도 책임이 있다.

이단의 문제가 수없이 제기되고 해결되었던 서구에서는 〈요한계시록〉의 예언을 핵 위협이나 환경문제 등으로 파악하면서 의연하게 미래에 대비하는 반면, 우리 종교계 한쪽에선 여전히 종말론으로 위협해 혹세무민한다. 그 부끄러운 대비야말로 우리가 이단의 문제를 냉철하게 직시해야 한다는 사실을 웅변한다.

키워드 종교 이단 탐욕 부조리

성 안토니우스

─ 사막의 성인

큰 재산을 물려받은 열여덟 살 청년이 성경 말씀에 감동을 받았다. "네가 가진 것을 팔아 가난한 사람들에게 주라. 그러면 천국에서 보물을 얻을 것이다." 그는 이웃에게 땅을 주고, 남은 재산을 팔아 가난한 사람들에게 기증한 뒤 사막에 들어가 헌신의 생활을 시작했다. 이집트의 성 안토니우스는 그렇게 수도승이 되었다.

기독교가 박해를 받을 때 가장 고양된 형태의 신앙적인 삶은 오히려 죽음이었다. 순교한다는 것은 인간이 천국의 문간에 들어섰다는 증표였다. 박해가 사라진 뒤엔 수도승의 삶이 순교를 대신해 지순한 믿음의 표시가 되었다. 예로부터 이집트에서 사막은 악마의 거주지로 여겨졌다. 그곳은 문명의 손길이 닿지 않는 장소였다. 사막에서 산다는 것은 문명이 주는 물질적 쾌락의 세계에서 자신을 죽이는 것으로, 다른 의미의 순교이기도 했다. 그곳에 은둔했음에도 추종자의 무리가 생겨 점차 공동체가 형성되었다. 그들은 엄격한 자기 계율을 만들어 지키고, 명상을 통해 악마와 투쟁하며, 궁극적으로 신비한 체험을 통해 이전 순교자들이 도달했던 영적인 삶의 단계에 이르렀다.

우리는 성 아타나시우스가 기록한 전기를 통해 안토니우스의 행적을 안다. 그 기록은 여러 모습의 괴물과 악령의 위협은 물론, 금은보화의 유혹을 물리치는 성인의 면모도 보여준다. 이런 종류의 성인전은 전도를 위해 성인의 일생을 극적으로 미화하고 기적의 요인을 남발한다는 이유로 사실성을 의심받는다. 그렇지만 재산을 초개처럼 본 그의 삶에 대한 사람들의 존경 때문에 그 전기가 널리 인기가 높았다는 것만은 의심할 수 없는 사실이다.

인적 없는 사막에 널린 금과 은을 악마의 유혹이라고 무시해 버리자 그것들이 사라졌다. 그가 주에게 외쳤다. "누가 이런 유혹에서 벗어날 수 있을까요?" 대답이 돌아왔다. "겸허함만이 유혹을 피하게 해주리라." 정치계건 종교계건 내려놓지 못하는 이 땅의 지도자들한테 정녕 그런 겸허함을 기대할 수 있을까?

키워드 고대 종교 청렴·청빈

124 디오클레티아누스

— 성인과 죄인

3세기 말 로마제국에 위기가 닥쳤다. 인구가 감소하고 외적이 침입해오는데 군부에서는 황제 자리를 놓고 다툼만 벌였다. 디오클레티아누스는 제국의 분할 통치 및 세제와 관료제의 개혁으로 그 위기에 잘 대처한 황제였다. 하지만 그는 기독교도에 대한 마지막 큰 박해를 저지른 일로 악명이 높다. 제국 전역에서 기독교도의 예배 모임을 금지했으며, 교회를 부수고《성서》를 불태웠다. 혀를 뽑힌 성직자도, 밧줄에 묶여 매달린 채 약한 불에 그슬린 관료도 있었다. 그러나 기독교를 버리고 전통 종교를 믿으라는 강압은 역효과를 불러왔다. 순교자들의 희생은 오히려 신앙심을 더 강화할 뿐이었다.

박해는 결코 예상치 못한 결과도 초래했다. 아프리카 속주의 총독은 기독교도에게 관대하게 대했다. 그는 기독교 신앙을 버리는 증거로《성서》만 넘긴다면 불문에 부치겠다고 했다. 성직자를 포함해 꽤 많은 기독교도가 이 편리한 제안을 받아들였다.

문제는 콘스탄티누스가 황제에 올라 기독교를 용인하며 발생했다. 엄격한 신앙을 강조하던 이들이 박해 시절에 《성서》를 넘겨준 사람들을 비난하기 시작했다. 《성서》를 넘겨준 사람들에게 '양도자'라는 낙인을 찍으며, 교회는 '죄인'이 아닌 '성인'의 교회가 되어야 한다고 주장했다. 그 이유란 기독교도가 되어 영혼의 구제를 받으려는 입문식인 세례 같은 성사를 '죄인'들이 주관하면 그 효능이 무효가 된다는 것이었다.

당시 북아프리카의 카르타고에 '양도자'로 추정되는 인물이 주교로 임명되자, 그에 반대한 도나투스의 이름을 따서 이것을 도나투스 논쟁이라고 부른다. 가톨릭교회에서는, 성사의 효능이란 개별 성직자의 행위가 아니라 교회법에 따라 임명된 성직자의 직책에서 오는 것이라며 도나투스파를 처벌했다.

영혼 구제의 문제가 쟁점이었기에 이것은 종교 논쟁으로 보인다. 반면, 영혼 구제는 도외시하고 현실 세계의 복만을 갈구하는 우리의 교회는 왜 종교적으로 보이지 않는 걸까?

키워드 고대 종교 탐욕

125 마르쿠스 아우렐리우스

— 나에게 보내는 생각

마케도니아의 알렉산드로스 대제가 오리엔트를 정복하고 갑자기 죽은 뒤 로마가 지중해 세계의 패권을 장악할 때까지의 시기를 통상 헬레니즘 시대라고 부른다. 동양과 서양이 만나 개방된 세계주의 정신이 자연스레 확산되었지만, 그와는 대조적으로 개인주의 성향이 사람들의 삶에 파고들었다. 이 시대를 대표하는 철학적 조류는 셋으로 나뉘는데, 모두가 개인의 행복을 목표로 삼으며 단지 그것을 추구하는 방식에 따라 구별될 뿐이다.

그중에서도 스토아학파는 헬레니즘 시대의 철학에 가장 크게 기여했다고 일컬어진다. 그들에겐 모든 욕심으로부터 벗어나는 것이 곧 행복이었다. 따라서 감정 기복은 물론 세속적 성공이나 물질적 욕망에 초연한 삶의 태도를 견지하는 것이 행복의 관건이었다. 우주나 인간의 본질을 탐구한다는 철학 본연의 자세를 고려할 때 이 시대가 철학사에서 낮은 평가를 받는 것도 이해가 간다. 그렇지만 염치 없는 인간들이 국정을 좌우하는 관직을 탐하고 있는 우리의 실정에 견준다면 그들을 재조명해볼 필요가 있다.

로마 전성기를 이끌었던 오현제 중 마지막 황제였던 마르쿠스 아우렐리우스는 이 학파를 대표하는 철학자였다. 그의 대표 저서로 알려진 《명상록》의 핵심 주제는 내면을 성찰하여 무한한 우주와 영원한 시간 속에서 자신의 위치를 관조하는 것이다. 그런 관조의 결과로 인간은 '선한 사람'이 되어야 한다는 강력한 윤리적 원리를 끊임없이 추구해야 한다. 서양의 역사에서 불후의 명저로 꼽히는 《명상록》의 원제목은 '나에게 보내는 생각'이었다. 여러 전쟁터에서 군사작전을 수행하며 10년에 걸쳐 스스로의 판단을 벼리고 단련한 결과로 나온 결정체였다.

제자의 학문적 업적을 자신의 것으로 만드는 것이 '관행'으로 통하고 있는 일부 학계의 당사자들에게 꼭 읽으라고 권하고 싶은 책이다. 그렇지만 그들이 과연 읽는다면 이해할까? 이해한다면 그 내용을 실천할까?

키워드 고대 철학 지도자 지식인 탐욕 청렴·청빈

하드리아누스

─ 황제의 여행

하드리아누스는 로마제국의 황금시대를 이끌었던 오현제 중세 번째 황제였다. 시를 쓸 수 있을 정도로 그리스어와 라틴어에 능통했던 그는 폭넓게 책을 읽은 인문주의자로서, 특히 그리스 학문을 후원했다. 예술적 취향도 탁월했던 그는 불에 타서 사라진 판테온을 재건했다. 그는 노예제를 폐지하지는 못했어도 노예의 생활 조건을 개선했고, 엄격한 법 규정을 완화했으며, 고문을 금지했다. 그런 이유로 많은 역사가가 그를 다재다능하고 현명하고 공정한 황제였다고 기록한다.

그럼에도 사람들은 여행을 좋아했던 황제로 그를 기억하는 경우가 더 많다. 황제로 통치했던 23년 중 절반이 넘는 12년을 그는 여행지에서 보냈다. 제국 내 많은 민족의 생활상과 종교와 사상에 대한 호기심이 커서 여행을 좋아하기도 했지만, 그에게는 실용적인 목적이 있었다. 그보다 앞서 트라이아누스 황제는 로마의 영토를 최대로 넓혔다. 후임 황제였던 그는 방대한 제국

에서 관료들의 통치가 효율적으로 이루어지고 있는지, 국경의
수비 상태가 좋은지, 국민들이 필요로 하는 것이 무엇인지 알
필요가 있었다.

　그런 목적이 있었기에 그는 군인, 관리, 건축가는 물론 예술
고문까지 데리고 여행을 다녔다. 그 자취는 로마제국의 변방이
었던 영국 북부에도 남아 있다. 영국에서 반란이 일어났다는 소
식을 접한 그는 그곳으로 가서 '하드리아누스의 성벽'을 쌓았
다. "로마인을 야만인들과 분리하기 위해" 쌓은 이 성벽은 외부
의 침입을 막고, 국경을 넘어선 통상과 주민의 이주를 통제하는
구실을 했다.

　나무로 울타리를 친 유럽 대륙의 국경과 달리 나무가 귀한 곳
이라 돌로 쌓은 이 성벽은 1987년에 유네스코 세계문화유산으
로 등재되었다. 오랜 시간 한결같던 황제의 삶의 궤적과 일치하
기에 소중한 유적일 게다. 뼛속까지 친일, 친미를 유지해왔다는
어느 대통령의 느닷없는 독도 방문과는 대비되기에 더욱 돋보
이는 여행의 흔적이다.

키워드　고대　지도자　국가　영토

127

타키투스 I

— 악과 덕의 역사가

보통 한 국가의 권세나 영광이 절정에 달했을 때 내적으로는 쇠퇴의 과정이 진행되어 존립을 위협하는 지속적인 문제점들이 드러난다고 말한다. 역사가 타키투스가 살았던 로마제국이 그랬다. 그는 "재난이 풍부하고, 전쟁은 참혹하며, 평화 시에도 공포로 가득 차" 있던 시대를 살아가는 사람들의 나약함이나 타락상을 폭로했다.

그의 저작인 《게르마니아》는 게르만인들에 대한 글이다. 고고학적 자료는 타키투스의 기록이 정확했음을 말해준다. 그럼에도 이 책은 객관성을 인정받지 못한다. 왜냐하면 당시 사치를 탐닉하던 로마 사람들의 허식과 부도덕에 빗대어 단순하고 강건한 게르만인의 삶을 찬양했다고 보기 때문이다.

공화정 초기의 엄격함에서 멀어진 당대 로마에 대한 신랄한 비판은 두 중요 저작인 《역사》와 《연보》의 밑바탕에도 깔려 있다. 로마의 '은의 시대' 정도로 불리는 로마제국의 황제들부터 네로 황제 초기까지를 다룬 이 저작들에서 그는 로마인들의 생활을 충실하게 보여준다. 타키투스의 글은 통찰력 있는 심리 묘사, 현란한 수사, 심금을 울리는 도덕적 결론 등이 특징인데, 그의 뛰어난 글솜씨는 대다수가 인정한다.

그에게 역사가 갖는 최고의 기능은 "고귀한 행동이 기록되지 않고 넘어가지 않도록, 사악한 말과 행동이 후대의 지탄을 받도록" 하는 것이었다. 기록할 대상의 선택 기준은 "탁월함이 현저하거나 비행으로 악명 높은 것"이었다. 따라서 그는 도덕적 교훈을 강조하는 역사가로서, 글은 뛰어나도 정확하지는 못했다는 비판을 받아왔다. 그렇지만 20세기 최고의 고전 학자로 꼽히는 로널드 사임은 자신의 방대한 저서에서 꼼꼼한 고증을 통해 타키투스의 서술이 갖는 사실적인 엄밀성을 증명했다. 그가 말하는 도덕에 더 큰 무게가 실리게 되었다.

불행히도 그가 살았던 시대에는 비행으로 악명 높은 일들이 훨씬 더 많았다. 우리가 살아갈 시대엔 탁월함이 현저한 사람들이 지배하게 되기를 바란다.

키워드 고대 역사가

128

타키투스 II

— 명문장가

무릇 한 작가가 명문장가가 되려면 자신이 속한 시대의 문제점을 꿰뚫어 예리하게 직시하면서도 동시대인들의 아픔을 보듬어주어야 한다. 게다가 그가 표현하는 것은 세월이나 국경, 인종이나 성별을 초월하여 누구든 공감하도록 보편적 감흥을 주어야 한다. 그런 저작이 '고전'의 반열에 오른다.

로마시대의 역사가 타키투스가 그러했다. 앞글에선 뛰어난 글솜씨를 언급하면서 도덕적 교훈을 전하려는 역사가의 면모에 초점을 맞췄다. 이제 내란과 음모로 가득 찼던 시기를 몸소 겪으며 병폐를 진단했던 타키투스의 문장을 살펴볼 차례다. 그의 글은 오늘을 살아가는 우리 사회 구성원들의 온갖 모습을 드러내며 폐부를 찌른다. 인간의 심리에 대한 명석한 통찰이 있기에 가능한 일이다.

그는 로마제국의 건설에 대해 이렇게 말했다. "약탈하고 학살하고 도적질하는 것, 그런 것을 그들은 제국이라 말한다. 그 뒤에 남은 황폐함을 평화라 말한다." 그래서 그에게 "나쁜 평화는 전쟁만도 못하다." 그렇게 건설한 국가가 "타락할수록 법이 많아진다." 당연한 일이다. 타락하여 대중의 동의와 지지를 얻지 못하는 부패한 체제에서는 자신들의 의도를 관철하기 위해 늘 새로운 법을 만들어야 하기 때문이다.

그런 국가에서는 "사려 깊지 못한 몇몇 사람들의 주도로, 더 많은 사람의 축복을 받으며, 모두의 수동적 묵인 아래 경악스러운 범죄가 저질러진다." 그것이 용인되는 것은 "안전에 대한 욕구가 위대하고 고귀한 모든 과업에 마주 보며" 서 있기 때문이다. 잘못된 일을 비난하는 것에 분노를 보인다면 그야말로 비난받아야 마땅하다.

마치 우리 사회에서 일어나고 있는 일들에 대한 암울한 상을 보여주는 것 같아 씁쓸하다. 그렇지만 우리에게 희망을 주듯 그는 덧붙인다. "억압에 저항하려는 욕구는 모든 인간의 본성에 내재되어 있다."

키워드 고대 역사가 부정부패 저항

그리스의 노예들

— 노예의 권리

노예제가 찬란한 고대 그리스 문명의 한 물적 토대였음은 이제 상식에 속하지만, 노예들이 어떻게 살았는지를 안다는 것은 또 다른 문제다. '살아 있는 재산' 또는 '두 발로 걷는 짐승' 정도로 여겨졌던 그들은 대부분 전쟁 포로였다. 그러나 삶의 현장 모든 곳에 노예의 노동력이 필요했고, 그 결과 가치가 오르자 해적과 도적이 사람들을 납치해 노예 상인에게 넘기는 일이 일어났다. 빚에 몰린 사람들도 노예가 되었고, 가난한 집에선 아이를 파는 일까지 있었다. 민회가 열리는 민주주의의 장소라던 아고라는 노예시장이기도 했다.

노예는 광산, 채석장, 공장, 농장 등등 큰 힘이 필요한 장소에서 조악한 처우 속에 위험을 무릅쓰고 거친 노동을 견뎌야 했다. 집 안에도 노예는 있었다. 가내노예의 노동강도는 좀 낮을지 몰라도 집안일 역시 끝없이 많았고, 여주인의 감시를 받으며 견뎌야 했던 감정 노동은 측정이 불가능했다. 노예 최고의 운명은 좋은 주인을 만나는 것이었다. 남자 주인의 눈에 들면 성 노리개 역할까지 해야 했으나, 아이를 낳는 것은 결코 허락되지 않았다. 일을 잘하지 못하거나 게으르거나 거짓말을 하거나 예의가 없다고 여겨지면 노예는 어김없이 매질을 당하거나 족쇄에 묶이거나 감금을 당했다. 도주는 꿈꿀 수도 없었고, 주인에게 충성을 다하는 것이 노예의 의무였다.

힘과 권력을 과시해대는 우리의 천박한 갑들에 견줄 대상을 찾다가 고대의 노예제까지 올 수밖에 없는 심정이 참담하다. 그런데 새로 알게 된 다음 사실들은 더 큰 참담함을 안겨준다. 그리스에서는 어떤 시민이라도 과도하게 노예를 학대하는 주인을 고발할 수 있었다. 한 현인은 "가장 가치 없는 노예라 할지라도 재판을 거치지 않고 처벌할 수는 없다"라며, 노예에 대한 주인의 권능은 절대적이지 않다고 말했다. 그리스의 드라콘법에서는 노예 살해자를 사형에 처한다고 명문화했다. 아, 오히려 이것은 우리에게 던져진 한 줄기 빛이려나.

키워드 고대 노예 자유 권리

헤시오도스

― **철의 시대**

호메로스에 못지않게 고대 그리스의 역사를 형성하고 또 반영했던 서사시인이 그와 거의 동시대에 살고 있었다. 헤시오도스의 《신통기》는 무한한 어둠의 공백인 카오스에서 점차 우주의 질서가 출현한다는 의식을 보여준다. 그 과정에서 그리스 신과 여신들이 우주의 질서를 확립해나간 계보를 밝히고 있으니, 《신통기》는 현실 세계를 하나의 전체로서 이해하려던 그리스 신화의 출발점이었다.

한편, 《일과 나날》은 일을 해야 하고 고통을 받아야 하는 인간의 조건이 주제다. 헤시오도스가 이 시를 쓴 계기는 낭비가 심한 형 페르세스와 관련된 개인사로 알려져 있다. 유산을 탕진한 형이 부패한 관리와 결탁하여 재산을 가로채려 한다. 그는 그들의 죄상을 직접 고발하는 대신, 형에게 노동의 미덕을 가르쳐 수입을 만들어내는 것이 더 낫다는 지혜를 전하려 한다.

그런데 역사를 업으로 삼는 사람들에게는 《일과 나날》이 더 큰 관심의 대상이다. 인간에게 운명처럼 주어진 노동을 받아들여야 하고, 궁극적으로 선이 승리를 거둔다는 교훈 때문만이 아니다. 이 시에 포함된 일종의 농가월령가에서 보이는 고대 그리스 농부의 삶의 한 단면 때문만도 아니다. 오히려 집단으로서 인간의 과거를 인정하여 그것을 다섯 시대로 구분했다는 사실 때문이다.

'황금의 시대'에 사람들은 근심 걱정 없이 오래 살다가 평화롭게 죽어간다. '은의 시대'는 냉혹함과 전쟁으로 얼룩져 있고 사람들이 모든 신성한 것에 반발하며 일찍 죽는다. '청동의 시대'에 사람들은 육체적으로 강인하지만 전쟁으로 자멸한다. 이어지는 '영웅의 시대'는 귀족과 반신반인으로 이루어졌는데, 이역시 전쟁으로 파멸한다. 헤시오도스에게 현재였던 '철의 시대'는 고통, 비참, 부패, 노쇠, 사망과 같은 것들로 이어져 있다.

어쨌든 이제 과거는 연속성과 방향성을 갖게 되었다. 그것은 황금시대부터 타락과 파멸의 과정으로 역사를 보는 전통의 시초였다. 그리고 우리는 철의 시대를 겪고 있다.

키워드 고대 문학 탐욕 부정부패 노동 청렴·청빈

호라티우스

― **카르페 디엠**

시인 호라티우스에 대해 잘 알지 못한다 할지라도 '카르페 디엠(carpe diem)'이라는 문구에 대해서는 거의 모든 사람이 알고 있을 것이다. 영화 〈죽은 시인의 사회〉를 통해 유명해진 그 말의 뜻은 '오늘을 낚아채라' 정도일 것이다. "이렇게 이야기하는 사이에도 선망하는 시간은 썰려 나가니,/부질없는 미래는 믿지 말고, 오늘을 낚아채라"라는 서정시는 아름다운 봄날처럼 덧없이 사라지는 청춘의 시간을 즐기라는 의미로 해석된다. 그렇지만 개인적으로는 시간을 아껴 쓰라는 뜻으로 받아들이고 싶다.

아우구스투스가 제정을 열어 로마는 정치적 안정을 누렸다. 로마 문학은 특히 서정시 분야에서 전성기를 맞았고, 그 대표적 인물이 호라티우스였다. 로마 문학은 그리스로부터 큰 영향을 받았다. 당대를 대표하는 문화계 인사라면 마땅히 로마 문화의 원조인 그리스를 숭상했으리라 짐작하겠지만, 그는 달랐다. "지배자인 로마가 사로잡힌 그리스의 포로가 되었다"라는 그의 말은 그리스에 대한 찬미가 아니었다. 오히려 그것은 문화에 심취해 나약해진 로마인들에게 각성을 촉구하는 경구였다.

호라티우스의 아버지는 전쟁 포로였다. 그러나 강인한 노력으로 스스로 자유를 찾고 지위를 개선했다. 아들의 교육에도 신경을 써 넉넉지 못한 형편에도 로마로 유학을 보내 정신적 성장을 뒷바라지했다. 아들은 아버지를 자랑스러워했다. "제게 사소한 흠만 있을 뿐 제 성격이 점잖고 도덕적이라면, 누구도 저를 탐욕이나 호색이나 방탕으로 비난할 수 없다면, 제가 불명예가 없이 유덕하게 살아왔다면, 제가 친구들에게 좋은 친구라면, 그것은 모두가 아버지 덕분입니다. 아낌없는 감사와 칭찬을 드립니다." 그는 노예였던 아버지를 부끄러워한 적도, 그의 아들임을 변명한 적도 없었다.

호라티우스가 나열하는 자신의 덕목에서 아버지의 인간됨과 그로부터 우러나오는 가르침이 엿보인다. '어버이의 날'을 맞이하여 호라티우스를 생각하는 까닭이다.

키워드 고대 문학 작가 교육 덕목

132

소 카토

— 어떤 자살

로마 공화정 초기의 강직한 정치가 카토의 증손자는 그 명성을 이어받기에 충분한 성품과 능력을 가졌는데, 선조와 구분하기 위해 소(小) 카토라고 불린다. 그는 청렴결백한 정치가이자 철학자로서 공화정 말기에 공화주의 이상을 투철하게 지켜나갔다.

당시 대중의 인기를 바탕으로 황제의 자리에 오르기를 꿈꾸던 율리우스 카이사르에게 카토는 불구대천의 원수였다. 무장 해제하고 민간인의 신분으로 로마에 귀환하라는 카토의 명령을 받은 카이사르는 고심 끝에 루비콘 강을 건넜고, 이어진 내전에서 승리를 거두었다. 카토는 아프리카의 속주인 우티카로 퇴각할 수밖에 없었다.

카이사르가 지배하는 세계에서 살고 싶지도 않았고, 그에게 자신을 사면할 권리가 있음을 암묵적으로 인정하고 싶지도 않았던 카토가 택한 길은 자살이었다. 죽음에 대한 소크라테스의 의연함을 웅변하는 《파이돈》을 읽으면서 실행한 그의 선택을 플루타르코스는 상세하게 전해준다.

칼에 찔린 그의 복부에서 창자가 밖으로 빠져나왔고, 그가 쓰러지며 낸 소음에 가족과 하인들이 몰려와 처참한 피바다를 보았다. 의사가 수술로 창자를 봉합했으나, 의식을 되찾은 카토는 의사를 밀쳐내고 수술 부위를 다시 개복한 뒤 곧 사망했다. 그의 사망 소식을 들은 카이사르는 이렇게 개탄했다. "카토여, 그대의 생명을 보전해준 것이 그대에게 통한이었던 것만큼 그대의 죽음은 내게 통한이요."

사망 이후 카토의 이름 뒤에는 '우티켄시스'라는 별칭이 하나 더 붙었다. 어떤 지역을 획득해온 장군에게 그 지역의 이름을 별칭으로 붙여주던 관례를 고려한다면, 우티카에서 행한 자살이 카이사르의 폭정에 대한 카토의 승리를 암시하는 것이라는 명예로운 칭호다. 단테가 《신곡》에서 그를 연옥의 수호자로 등장시킬 정도로 수많은 문학작품이 그의 죽음을 추앙한다.

귀한 목숨을 버린다는 것이 타락한 세계의 비정함에 대한 더없이 강력한 항변이 된다는 것은 예나 지금이나 같다.

키워드 고대 정치 철학 청렴·청빈 신념

133

폴리비오스

— 총체적 타락

로마는 카르타고를 무력화한 뒤 동쪽으로 눈을 돌려 마케도니아의 지배 아래 있던 그리스 세계를 점령했다. 이때 그리스에서 1,000명의 유명 인사를 인질로 잡아갔는데, 역사가 폴리비오스는 그중 한 명이었다. 그는 스키피오의 스승이자 친구가 됨으로써 인질로서는 비교적 자유롭게 여행하며 로마의 전쟁을 관찰할 수 있었다. 따라서 그가 기록한 역사는 로마의 급성장에 대한 외부인의 보고서와 같았다. 그는 로마의 팽창 과정을 단순하게 기록하지 않았다. 그는 그 원인을 천착하려 했다. 문화적으로 우월했던 그리스 출신으로서 미개국이라 여긴 로마가 강대국으로 올라선 일을 경이롭게 느꼈기 때문이다.

플라톤을 비롯하여 고대인들은 정치체제가 순환한다고 믿었다. 원시 상태에서는 나약한 개인들이 단결하여 힘을 얻는 데 강한 자들이 주도한다. 그 결과로 군주제가 등장하는데, 왕은 사리에 맞게 다스리며 사람들을 보호한다. 그러나 세대가 지나면서 후손은 스스로를 '우월한 존재'로 여기며 폭력과 사치와 방탕에 탐닉하는 폭군이 된다. 귀족들이 이에 반발하여 폭군을 몰아내며 귀족제가 성립된다. 그들은 공동의 이익을 행동 지침으로 삼는다. 반면, 그들의 후손은 권력을 자신들의 권리라 생각하며 탐욕에 빠져 과두제로 바뀐다. 이에 민중이 반발하여 민주주의가 이루어진다. 그들은 공익을 생각하며 다스리나 과두제의 경험이 없는 후손에 이르면 자유와 평등의 가치를 망각하며 선동에 쉽게 흔들려 우중정치로 바뀐다.

로마는 집정관이 군주제를, 원로원이 귀족제를, 민회가 민주주의를 대변하는 혼합 정치체제를 갖추고 있었다. 그렇기 때문에 정치체제의 순환에서 벗어나 번영을 누릴 수 있었다고 폴리비오스는 판단했다. 이렇듯 "상호 견제를 위한 권력의 분산은 어떠한 위기에도 충실히 대처하게 만든다"는 것이다.

우리는 지금 폭군의 지배와 과두제와 우중정치라는 최악의 조합에 빠진 것이 아닌지 심히 우려된다.

키워드 고대 역사가 정치 지도자 우중

아리스토텔레스

― 걸음의 철학

기원전 4세기 전성기의 아테네에 아리스토텔레스를 추종하는 무리가 있었다. 그들은 방이 아니라 지붕이 있는 보도인 주랑에서 모임을 가졌다 하여 처음엔 '주랑학파'라 불렸으나, 아리스토텔레스가 제자들과 함께 이곳저곳 산책하며 앎을 전수했다 하여 스승이 죽은 뒤에 '소요학파'라고 불리게 되었다. 아테네 시민만 재산을 소유할 수 있었던 시절, 그 시민이 아니었던 아리스토텔레스가 어쩔 수 없이 택한 방법이었을지 모른다.

산책하고 소요하는 일에서 삶의 여유를 떠올릴 수 있듯, 이학파는 '학파'라는 딱딱한 명칭을 붙일 만큼 형식적인 모임이 아니었다. 정해진 교육과정이나 학생들에 대한 과제는 물론 수업료도 없었다. 최소한 아리스토텔레스가 생존했을 당시까지는 학파를 대표하는 원칙 같은 것도 없었다. 이 모임에선 참여자 모두가 동등한 협력자였다.

스승의 사망 이후 이 학파의 운명은 부침을 겪었다. 어쨌든

282

후대의 추종자들은 아리스토텔레스의 가르침을 보존하려 온 힘을 기울였다. 결국 서유럽에서는 이 학파가 자취를 감추었으나, 그들의 기본 취지는 이슬람 지식인들에 의해 계승되었다. 뒷날 중세의 전성기에 이슬람 지식인들이 보존한 지식이 서유럽으로 전파되어 토마스 아퀴나스에 의해 스콜라 철학으로 집대성되었다는 사실에 이 학파의 큰 보람이 있을 것이다.

소요하며 제자들에게 건넨 아리스토텔레스의 가르침은 '덕'에 관한 것이 많다. 그것은 플라톤의 경우처럼 순수한 지식의 형태로 있는 것이 아니라, 인간의 본성과 습관에 바탕을 둔 실천적 규범이었다. 그러한 규범 중 으뜸이 '중용'이었다. 비겁함과 무모함 사이에서, 감각적 쾌락의 향유와 그 전면적인 회피 사이에서 어느 쪽으로도 치우치지 않는 태도를 유지하는 것이 덕이었다.

우리의 위정자들도 걷기는 좋아하는 듯하다. 단, 골프장에서만. 극도로 편향된 사고로 보건대 그들의 정신은 발만큼도 움직이지 않는 것 같다.

키워드 고대 철학 중용

135

히포크라테스

— **히포크라테스 선서**

기원전 400년 무렵 에게 해 동남쪽의 작은 섬 코스에서 의학 혁명이 일어났다. 히포크라테스와 그의 제자들이 주도한 학파에서 질병을 치료하려는 획기적인 시도를 실행한 것이다. 그들은 질병의 원인을 분석하고 진단해 치료에 이용했다. 당시 신비스러운 병이라고 알려져 있던 나병에 대해 히포크라테스는 "다른 병과 다름없이 나병에도 자연적 원인이 있다. 사람들은 그 원인을 알지 못해 신비로운 병이라고 생각한다. 그러나 알지 못하는 것을 신비롭다고 말한다면 이 세상의 신비에는 끝이 없을 것"이라고 말했다.

이제야 비로소 주술사(magician)를 대신해 의사(physician)가 병을 다루게 되었다. 주술사가 심령과 마법의 세계에 능통한 사람이라면 의사는 그 어원으로 판단하건대 '피지카(physica)', 곧 자연의 이치에 정통한 사람이다. 그런데 그를 서양에서 의학의 아버지로 받드는 것은 의학에 대한 이러한 합리적이고 과학적인 태도 때문만이 아니다. 그는 의료 전문가 집단이 준수해야 할 윤리적 기준도 만들어놓았다.

현대 의사들은 시대의 흐름에 맞추어 변형된 서약을 하는 경우가 많지만, 의술을 인술로 보며 인도주의적 목적에 의학 지식을 사용하겠다는 기본 취지는 히포크라테스로부터 왔다. 최선을 다해 환자의 안위를 돌볼 것이며, 환자에게 해가 될 일은 절대로 하지 않을 것이며, 수술은 전문가에게 맡길 것이며, 환자로부터 향응을 받지 않을 것이며, 환자의 비밀을 결코 발설하지 않을 것이라는 그 선서를 지키면 인류 전체로부터 존경받는 삶을 누리지만, 위반하는 삶은 그 반대이다.

오늘날에도 큰 울림이 있는 이 선서는 의사들에게만 적용된 것이 아니었다. 그것은 사람들의 건강을 돌보는 자리에 있는 사람이라면 누구라도 윤리적이고 정직하게 행동해야 한다는 맹세였다. 의료 민영화의 문제를 결정할 수 있는 위치에 있는 정치가라면 비용의 문제를 넘어서 반드시 명심해야 할 사안이기도 하다.

키워드 고대 의학 덕목

136 소크라테스

— 소크라테스의 죽음

소크라테스는 펠로폰네소스전쟁에서 아테네가 스파르타 동맹군에 패해 영광이 명멸해가던 시기에 살았다. 아테네 사람들은 굴욕적인 패배에서 벗어나 안정을 추구하려 했다. 그곳에서 소크라테스는 민주주의를 실행하던 아테네 최대의 적인 군국주의 스파르타 체제를 직간접적으로 찬양했다. 그가 재판에 회부되어 궁극적으로 죽음을 맞게 된 이유가 정치적인 것이라고 해석하는 근거의 하나다.

그러나 자세히 살핀다면 그는 정치적 이유보다는 아테네 사회의 도덕적 타락에 대한 비판 때문에 죽게 된 것처럼 보인다. 그는 부도덕함이 아테네의 전반적인 기조가 된 것을 받아들일 수 없었다. 그는 이 시기 그리스 곳곳에 만연하던 '힘이 정당성을 만든다'는 관념에 의문을 제기했던 것이다. 플라톤이 말하듯 그는 '등에'가 되어 아테네를 성가시게 했다. 그는 올바름을 생각하고 선을 추구하라고 정의감을 부추기며 시민들을 괴롭혔다. 등에에게 돌아온 것은 젊은이들을 타락시키고, 국가가 정한 신을 믿지 않는다는 고발이었다.

또 다른 제자 크세노폰은 고발의 부당성을 알리기 위해 소크라테스의 재판과 임종에 관한 이야기를 기록했다. 그는 소크라테스가 배심원들 앞에서 자신에 대한 변론을 도전적으로 펼쳤다고 전한다. 목적을 갖고 행한 일이라는 것이었다. 왜냐하면 그는 죽음을 맞는 것이 사는 것보다 더 좋은 결말이라고 믿었기 때문이다. 유죄 평결로 사형을 당하게 되자 교도관을 매수한 친지들이 외국으로 탈출할 계획을 꾸며놨고, 고발자들마저 그가 달아나길 원했다. 그러나 그는 도피는 죽음을 두려워하는 증거일 뿐이고, 진정한 철학자는 그런 두려움이 없다고 믿었다. 그는 "죽어야 할 시간이 왔다"며 죽음을 택했다. 자신의 죽음이 아테네의 불행을 구제할 처방임을 암시하듯, 헴록을 마신 소크라테스의 마지막 말은 의신 아스클레피오스에게 제물로 바쳐 달라는 것이었다.

의롭게 죽어 영원히 살아 있는 누군가가 그립다.

키워드 고대 철학 부정부패 정의

137 플라톤

— 동굴의 우화

플라톤의 《국가론》 제7권은 플라톤 철학의 핵심이라 할 수 있는 이데아론을 비유로 풀어 설명한 동굴의 우화를 담고 있다. 동굴 안에 사람들이 갇혀 있다. 그들은 손발이 묶여 꼼짝할 수도 없을 뿐 아니라 목도 고정되어 앞의 벽면만 바라볼 수 있다. 그들 뒤에는 거대한 횃불이 있다. 그들과 횃불 사이에 어떤 물체가 있다면 사람들은 벽면에 비친 그림자를 볼 수 있을 뿐이다. 사람들은 그 그림자를 보며 그것이 실재라고 생각한다. 그러나 사실 사람들이 본 것은 실재의 허망한 그림자에 불과하다. 참된 철학자라면 그림자가 아니라 실재, 즉 이데아를 인식할 수 있어야 한다.

플라톤에 따르면, 우리가 현실에서 보는 모든 것은 감각기관을 통해 알게 되는 무상한 물질세계일 뿐이다. 단지 이데아에 대해 알 수 있어야만 우리는 참된 지식을 얻는다. 예컨대 우리가 어떤 둥근 물체를 보면서 그것이 둥글다고 인식하는 것은 우

288

리가 원에 대한 이데아(관념)를 갖고 있기 때문이다. 그것이 플라톤의 철학을 관념론이라 통칭하는 이유다.

그런데 동굴의 우화는 거기에서 끝나지 않는다. 동굴에 갇힌 어느 누군가가 자신의 상태를 자각한 뒤 자리를 박차고 일어나 뒤를 돌아본다. 지금까지 봐왔던 것이 그림자였음을 깨달은 그는 동굴 밖으로 나간다. 밝은 바깥세상에서 눈이 부셔 잠시 괴롭지만 그는 진실을 알았기에 행복감을 맛본다. 그런데 그는 곧 다시 동굴 속으로 들어간다. 묶여 있는 다른 사람들에게 그 사실을 알려야 한다는 의무감 때문이다. 그러나 동굴 속 사람들은 거짓을 말한다며 오히려 그를 비난한다.

어떤 어려움을 무릅쓰더라도 언론은 참을 말해야 한다는 소망 때문에 이 이야기를 한다. 많은 사람을 묶어놓고 '그들'이 보여주고 싶어 하는 것만 보도록 만들면서 그것을 참으로 착각하게 만드는 일이 우리 사회의 주류 언론이다.

키워드 고대 철학 은폐 언론

138 솔론

솔론

― 재물보다 미덕

솔론은 아테네의 정치적·경제적·도덕적 타락에 맞서 올바른 법을 만듦으로써 개혁을 이루려 했던 정치가다. 그의 개혁안은 단기적 성공을 거두지는 못했으나, 아테네 민주주의의 초석을 깔아놓았다는 평가는 계속 유효하다. 그가 동시대에 반향을 일으키고 후대의 칭송을 받아온 이유 중 하나는 재물보다 미덕을 높게 본 그의 기개에 있다.

그에 대해서도 그의 시대에 대해서도 문서나 고고학적 자료가 충분치 못하지만, 즐겨 썼던 시를 통해 삶에 대한 그의 태도를 엿볼 수 있다. 그것은 지식과 경험을 중하게 여겨 거기에서 나오는 현명한 판단을 바탕으로 정책을 추진하는 것이었다. 상인으로 재산을 모으기도 했던 그는 "재물을 원하나 불의로 얻는 것은 싫으니, / 재물에는 불행이 따르기 때문"이라고 표현했다.

재산가였지만 그는 가난한 사람들의 편에 섰다. "미천한 자는 잘살고 선한 자는 못사나, / 우리의 덕은 돈과 바꾸지 못할 것이니,/덕은 영원히 우리의 것이나/재물은 이 손 저 손으로 떠도는구나." 살라미스 섬의 소유권을 놓고 아테네가 메가라와 오랜 분쟁을 벌이다가 지쳐 포기했을 때에도 솔론은 시로 아테네 시민들의 분기탱천을 자극하고 스스로 참전해 그 섬을 점령했다.

그 시절엔 아테네가 정치적·이념적·부족적·지역적 파벌로 나뉘어 있었다. 그 혼란을 넘으려면 전제정치가 필요하다며 사람들은 모든 일을 공정하게 처리하던 그를 왕위에 추대했다. 그는 "나라를 구하는 길이라면 폭군의 권세를 휘두르더라도 수치로 생각하지 않겠으나, 천하제일이라 스스로 생각할까 두렵다"라며 거절했다. 그는 조용히 정무를 보며 법을 제정했을 뿐이다.

부덕하게 재물을 모았으면 거기에 만족하여 최소한의 수치심을 증명하기 바란다. 새 정권이 들어서며 권력까지 탐하려는 자들에게 보내는 충언이다. 미덕을 잃고도 지도자를 자처하는 행태가 만든 우리 사회의 정신적 황폐를 그들은 생각이나 한번 해봤을까?

키워드 고대 정치 지도자 청렴·청빈 탐욕 노블레스 오블리주

페리클레스

페르시아전쟁에서 승리를 거둔 뒤 아테네는 전성기를 맞았다. 보통 '아테네의 황금시대'라고 부르지만, 그 시기를 이끌었던 지도자의 이름을 따 '페리클레스의 시대'라고 말하기도 한다. 그만큼 정치가로, 장군으로, 문예 진흥자로 탁월했던 그의 능력을 증명하는 한 징표일 것이다. 한마디로 그는 민주주의의 수호자였다.

우주의 삼라만상은 우연이 아닌 이성에서 비롯된다는 스승 아낙사고라스의 가르침을 존중해, 그는 기이한 현상을 보더라도 미신에서 비롯되는 공포와 위협을 느끼지 않고 침착하게 대응했다. 그의 정신은 고매했고, 행동은 의연했으며, 말은 고상했다. 대중의 환심을 사기 위한 수단일 뿐이라는 비난이 있자, 철학자 제논은 비난하는 자들도 그렇게 행동해서 인기를 끌어보라고 반박했다.

귀족이면서도 언제나 대중의 의사를 대변한 그는 연극과 축제를 통해 시민이 격조 높은 취향을 접할 수 있도록 했고, 군함을 이용해 항해 기술을 가르쳤다. 파르테논신전으로 아테네를 아름답게 꾸미자, 전쟁 기금을 유용한다는 다른 나라의 비난이 있었다. 그러자 아테네가 페르시아를 막아주는 한 상관할 바가 없다고 대답했다. 다른 나라는 돈만 내서 안전을 산 것이니, 군인과 군함으로 싸운 아테네는 그 돈을 사용할 권리가 있다는 것이다. 파르테논신전의 건설로 사람들은 일자리를 얻고 웅장한 건물을 갖게 되었다.

그가 민심을 얻은 이유는 청렴결백한 생활 태도에도 있었다. 그는 아테네를 부유하게 만들었지만 부친에게 물려받은 재산은 한 푼도 늘리지 않았다. 아들과 아내가 불만을 가질 정도로 수입과 지출을 철저히 조절하며 살았던 것이다. 한편, 그는 지지해준 시민들에게도 진심 어린 충고를 보낸다. 시민은 "생업에 몰두하면서도 공적인 업무에 대한 훌륭한 판관의 역할을 해야 합니다." 그래야만 그들 스스로 정책을 결정하는 민주주의가 완성될 것이기 때문이다.

키워드 고대 정치 지도자 덕목 청렴·청빈

찾아보기

키워드·글 번호

―――――――

경제 · 60, 93

계급 · 60, 66, 71, 89, 92

계몽 · 78, 79, 80, 86~88

고대 · 2, 117, 120, 123~139

관용 · 85, 86

권력 · 37, 47, 48, 52, 89, 95, 97, 99,
     101, 103

권리 · 44, 46, 50, 54, 55, 58, 59, 61,
     63, 64, 70, 74, 75, 79, 80, 92, 120,
     129

교육 · 7, 41, 65, 76, 98, 131

국가 · 9, 23, 66, 77, 84, 94, 97, 99,
     102, 112, 117, 126

근대 · 4, 5, 42~110, 117

나치 · 32~34, 42, 43, 45, 47, 49

냉전 · 14, 15

노동 · 20, 39, 44, 46, 54~57, 60, 61,
     64, 74, 75, 120, 130

노블레스 오블리주 · 83, 114, 115, 138

노예 · 27, 67, 68, 83, 129

덕목 · 28, 88, 96, 97, 108, 116, 131,
     135, 139

독립 · 8, 16, 82, 94

독재 · 17, 21, 24, 39, 95

문학 · 36, 44, 51, 56, 61, 69, 70, 71,
     81, 91, 92, 100, 105, 130, 131

민주화 · 13, 17, 19

민중 · 16, 24, 25, 29, 44, 57, 61, 76

발명 · 90

부정부패 · 10, 19, 56, 62, 89, 93, 105,
     128, 130, 136

부조리 · 36, 51, 122

불평등 · 43, 60, 87

산업화 · 64, 71, 74, 75

선거 · 19, 20, 72, 78, 82, 87

신념 · 6, 12, 67, 68, 112, 132

식민지 · 16, 39, 41, 82, 91, 110

실천 · 24, 28, 49, 76

애국 · 77, 79, 117

양심 · 6, 18, 32, 42, 49

언론 · 1, 100, 137

여성 · 4, 46, 50, 55, 58, 59, 63, 65, 67,
     68, 71, 83, 98, 109, 113, 115

역사가 · 18, 22, 25, 27, 33, 34, 41, 49,
     72, 76, 111, 127, 128, 133

역사관 · 2, 16, 27, 33, 34, 37, 41, 76,
     77, 108, 109

연대 · 11, 29, 30, 44, 54, 55

영토 · 112, 126

예술 · 23, 31, 57

영화 • 1, 4, 11, 17, 23, 31

올림픽 • 10, 13, 45

왜곡 • 1, 41, 80

우상 • 103, 104

우중 • 36, 72, 133

원주민 • 29, 30, 91, 110

위선·기만 • 72, 88, 92, 103

은폐 • 5, 80, 137

음악 • 3, 8, 12, 29, 30, 35

의학 • 135

이념 • 11, 14, 15, 18, 48, 62, 65, 84

이단 • 121, 122

인권 • 12, 35, 38, 40, 65, 69, 74, 78

인종차별 • 3, 38, 40, 43

자유 • 9, 35, 61, 69, 70, 79, 85, 89, 100, 129

작가 • 2, 9, 36, 44, 51, 56, 61, 69~71, 81, 91, 100, 105, 131

저항 • 3, 7, 8, 11, 13, 16, 17, 19, 21, 24, 29, 35, 38, 40, 42~44, 50, 54, 55, 59, 61, 64, 67, 68, 70, 75, 82, 95, 113, 115, 120, 128

전쟁 • 4, 5, 32~34, 42, 43, 47, 49, 53, 57, 94, 97, 102, 112, 114

정의 • 6, 11, 38, 51, 66, 79, 119, 136

정치 • 6, 14~17, 19, 37, 52, 79, 83, 84, 101, 132, 133, 138, 139

종교 • 24, 85, 86, 100~102, 106, 107, 110, 113, 118~124

중세 • 111~119

중용 • 121, 134

지도자 • 6, 12, 20, 21, 40, 52, 72, 88, 92, 94,~97, 99, 103, 105, 108, 109, 114~116, 125, 126, 133, 138, 139

지식인 • 7, 22, 26, 47, 48, 62, 102, 111, 125

차별 • 29, 30, 46, 59, 63, 68, 98

책무 • 1, 18, 22, 25, 26, 32

철학 • 28, 37, 66, 73, 77~80, 86, 87, 89, 95, 96, 99, 103, 104, 119, 125, 132, 134, 136, 137

청렴·청빈 • 106, 107, 113, 118, 123, 125, 130, 132, 138, 139

탄압 • 3, 8, 13, 30, 42, 51, 61, 64, 100

탐욕 • 14, 15, 47, 48, 66, 93, 105~ 107, 113, 118, 122, 124, 125, 130, 138

통제 • 9, 17, 23

평화 • 8, 12, 35, 46, 53, 57

풍자 • 81, 105

혁명 • 19, 58, 81, 82, 84, 95, 101

현대 • 1~41

홀로코스트 • 32~34

환경 • 70

내 곁의 세계사

– 오드리 헵번에서 페리클레스까지, 내 곁에 있지만 미처 알지 못했던 '사람들의 세계사'

조한욱 지음

1판 1쇄 발행일 2015년 8월 17일
1판 2쇄 발행일 2015년 10월 12일

발행인 | 김학원
경영인 | 이상용
편집주간 | 위원석 황서현
기획 | 문성환 박상경 임은선 최윤영 조은실 조은화 전두현 최인영 이혜인 정다이 이보람
디자인 | 김태형 유주현 임동렬 최우영 구현석 박인규
마케팅 | 이한주 김창규 이선희 이정인 이정원
저자·독자서비스 | 조다영 채한을(humanist@humanistbooks.com)
조판 | 홍영사
용지 | 화인페이퍼
인쇄 | 청아문화사
제본 | 정민문화사

발행처 | (주) 휴머니스트 출판그룹
출판등록 | 제313-2007-000007호(2007년 1월 5일)
주소 | (03991) 서울시 마포구 동교로23길 76(연남동)
전화 | 02-335-4422 팩스 | 02-334-3427
홈페이지 | www.humanistbooks.com

ⓒ 조한욱, 2015

ISBN 978-89-5862-898-9 03900

• 이 도서의 국립중앙도서관 출판예정도서목록(CIP)은 서지정보유통지원시스템 홈페이지
(http://seoji.nl.go.kr)와 국가자료공동목록시스템(http://www.nl.go.kr/kolisnet)에서 이용
하실 수 있습니다.(CIP제어번호: CIP2015019866)

만든 사람들

기획 | 최인영(iy2001@humanistbooks.com)
편집 | 김수영
디자인 | 유주현